Myrna B. Shure

Erziehung zur Selbstständigkeit

Myrna B. Shure

Erziehung zur Selbstständigkeit

Die intelligente Art,
mit Kindern umzugehen

Aus dem Amerikanischen von Maria Buchwald

FREIBURG · BASEL · WIEN

Titel der amerikanischen Originalausgabe:
Thinking Parent, Thinking Child.
How to Turn Your Most Challenging Everyday Problems Into Solutions.
McGraw-Hill

Die deutsche Ausgabe ist eine gekürzte Fassung
der amerikanischen Originalausgabe.

Gedruckt auf umweltfreundlichem,
chlorfrei gebleichtem Papier

Deutsche Erstausgabe

www.herder.de
Satz: Rudolf Kempf, Emmendingen
Herstellung: fgb freiburger graphische betriebe 2007
www.fgb.de
Umschlaggestaltung und Konzeption:
Agentur R·M·E, Roland Eschlbeck & Team*
*(Kornelia Bunkofer, Liana Tuchel)
Umschlagmotiv: © gettyimages
Foto der Autorin: Julie L. Graham, Ph. D.
ISBN: 978-3-451-29297-2

All den Eltern und Kindern gewidmet,
die mich mehr lehrten,
als ich ihnen je hätte beibringen können.

Inhalt

Gute Nachrichten für Sie

Erzähl mir etwas, und ich werde es vergessen.
Lehre mich etwas, und ich werde mich daran erinnern.
Beziehe mich ein, und ich werde verstehen.
Chinesisches Sprichwort

Es ist acht Uhr morgens. Sie hören, wie der Schulbus den Häuserblock entlangrumpelt, und Ihr siebenjähriger Sohn hat noch nicht einmal begonnen, sich anzuziehen.

Ihre vierjährige Tochter kommt tränenüberströmt vom Spielen zurück. „Tommy hat mich geschlagen", schluchzt sie, „und er hat mein neues Spielzeug kaputtgemacht."

Ein wichtiger Kunde ruft Sie zu Hause an, und mitten im Gespräch bittet Ihr sechsjähriger Sohn Sie – lautstark! –, ihm doch seine Schuhe suchen zu helfen, obwohl Sie ihm schon hundertmal gesagt haben, er solle Sie nicht unterbrechen, wenn Sie am Telefon sind.

Drei Tage vor Ostern verkündet Ihre neunjährige Tochter, sie habe keine Lust, am Sonntag mit Ihnen die Verwandten zu besuchen.

„Der Lehrer hat gesagt, ich hätte bei der Klassenarbeit geschummelt, aber das stimmt gar nicht!", ruft Ihr elfjähriger Sohn empört.

Wie oft streiten sich Ihre Kinder: wegen Spielsachen, wegen der Zeit, die sie am Computer verbringen dürfen, wegen Videospielen oder anderen Dingen? Wie oft kämpfen sie – mit Ihnen oder miteinander – um irgendetwas, ja eigentlich um alles? Wie oft ist zu Hause die Atmosphäre angespannt, weil Ihre Kinder nicht zuhören, nicht tun wollen, was Sie ihnen auftragen und freche Antworten geben? Haben Sie manchmal das Gefühl, dass Sie alles versucht haben und dass nichts wirklich hilft?

Wenn Sie nach einer anderen Methode suchen, um mit Situationen wie den oben geschilderten umzugehen, dann ist mein Buch genau das Richtige für Sie. Meine dreißigjährige Forschungsarbeit mit Familien und Schulen zeigt, dass Kinder, die ein Problem zu Ende denken und ihre alltäglichen Herausforderungen erfolgreich selbst meistern können, weniger Verhaltensprobleme haben und besser in der Schule zurechtkommen als Kinder, die dazu nicht in der Lage sind.

In meinen beiden früheren Büchern habe ich ein praktisches Schritt-für-Schritt-Programm vorgestellt und erklärt; es ist dazu bestimmt, Kinder Denkfähigkeiten zu lehren. Ich habe es das „Ich-kann-Probleme-lösen"-Programm – kurz IKPL – genannt. Dieses Programm beschreibt spezielle Spiele, Tätigkeiten und Dialoge, die Eltern nutzen können, um ihren Kindern beizubringen, überlegter und einfallsreicher auf alltägliche Probleme und Konflikte zu reagieren. Die Dialogtechnik, die ich erarbeitet habe, ist der Kern meiner Problemlösungsmethode. Worin besteht diese Technik?

Nehmen wir ein Beispiel: Die vierjährige Patty und ihre achtjährige Schwester Valerie haben sich um einen Bastelkasten mit Knetmasse gestritten, den Patty von ihrer Tante zum Geburtstag geschenkt bekommen hat. Patty erklärte ihrer Schwester trotzig, ihr allein gehöre die Knetmasse, und

Valerie dürfe nicht damit spielen. Innerhalb weniger Minuten brüllten sich die Schwestern gegenseitig so laut an, dass ihre Mutter Julia sich genötigt sah, einzugreifen. Sie wendete die Dialogtechnik an, um ihnen zu helfen, ihren Konflikt beizulegen. Am Ende waren beide Kinder mit der Lösung zufrieden.

Mutter: Was ist denn los? Wo liegt das Problem?
Patty: Das ist meine Knetmasse. Valerie hat sich alles genommen.
Valerie: Ich wollte nur ein kleines bisschen. Patty gibt mir nie etwas ab, und ich teile immer alle meine Sachen mit ihr.
Mutter: Patty, ihr beide seid gerade dabei, euch gegenseitig anzuschreien. Wie fühlst du dich in diesem Augenblick?
Patty: Wütend!
Mutter: Valerie, wie fühlst du dich?
Valerie: Ich bin sauer! Patty ist so egoistisch! Nie teilt sie etwas mit mir!
Mutter: Euch gegenseitig anzuschreien ist *eine* Art und Weise, mit diesem Problem umzugehen. Was geschieht dabei?
Patty: Wir zanken uns.
Mutter: Könnt ihr euch eine *andere* Möglichkeit vorstellen, um dieses Problem zu lösen, damit ihr beide nicht mehr wütend seid und euch nicht mehr streitet?
Valerie: Sie bekommt die rote Knetmasse und ich die blaue. Danach wechseln wir uns ab.
Mutter: Patty, ist das eine gute Idee?
Patty: Ja. Ich forme einen Kuchen, den kann sie als Nachtisch nehmen.
Valerie: Gut, und ich mache den Zuckerguss.

Wie Sie sehen können, spricht Julia nicht *zu* ihren Töchtern, sondern stellt ihnen stattdessen Fragen. Diese Technik beteiligt die Kinder nicht nur ganz unmittelbar am Prozess der Problemlösung, sondern gibt Julia auch die Möglichkeit, herauszufinden, worin das Problem aus der Sicht der Kinder überhaupt besteht. Zudem hat Valerie damit die Gelegenheit, zu sagen, was sie fühlt: dass sie sich deshalb so aufregt, weil sie der Ansicht ist, dass sie ihre Sachen meist mit Patty teilt, Patty dagegen dies ihrerseits nicht tut.

Wir sollten unsere Aufmerksamkeit auch darauf lenken, dass jeder Frage, die Julia stellt, eine ganz besondere Absicht zugrunde liegt. Wenn sie beispielsweise ihre Töchter fragt, wie sie sich fühlen, dann hilft sie ihren Kindern, Einfühlungsvermögen zu entwickeln. Einfühlungsvermögen ist – unter anderem – deshalb so wichtig, weil wir erst dann darauf achten können, wie andere Menschen sich fühlen, wenn wir gelernt haben, auf unsere eigenen Gefühle zu achten. Wenn Julia fragt: „Was geschieht dabei?", fordert sie die Kinder auf, zu überlegen, welche Folgen ihr Verhalten hat. Um ihren Kindern zu helfen, auf ihre eigene Problemlösung zu kommen, fragt sie schließlich: „Könnt ihre beide euch eine *andere* Möglichkeit vorstellen, dieses Problem zu lösen, damit ihr beide nicht mehr wütend seid und euch nicht mehr streitet?"

Anders ist ein Schlüsselwort der Dialogtechnik. In verschiedenen Kapiteln dieses Buches werden Sie eine Reihe Wörter finden, die ich kursiv geschrieben habe, um zu verdeutlichen, dass sie auf eine neue Art verwendet werden. Andere Wörter – wie: *nicht*, *bevor* und *danach* – werden ebenfalls zu Schlüsselwörtern, wenn sie zum Beispiel in folgenden Fragen benutzt werden: „Ist deine Idee gut oder *nicht* gut?", „Was ist passiert, *bevor* du ihn geschlagen hast?", „Was geschah *danach*?"

Wenn Kinder über diese Fragen nachdenken und diese und andere Schlüsselwörter verwenden, geschieht etwas Einzigartiges: Anstatt ärgerlich, frustriert, gelangweilt oder niedergeschlagen wegzugehen, fühlen sie sich gestärkt und sind meist mit den Lösungen zufrieden. Wie meine Forschungsarbeiten gezeigt haben, neigen Kinder viel eher dazu, ihre eigenen Lösungen in die Tat umzusetzen, als die, welche ihre Eltern für die besten halten.

Worin unterscheidet sich dieser Problemlösungsansatz von anderen Methoden, mit denen Eltern Erziehungsprobleme handhaben? Gehen wir noch einmal zurück zu der Situation mit Julias wütenden Töchtern, und nehmen wir an, sie hätte das praktiziert, was Psychologen „Machtbehauptung" nennen und was ich ganz einfach die „Machtmethode" nenne. In diesem Fall hätte sie etwa gesagt: „Gebt mir die Knetmasse! Wenn ihr sie nicht miteinander teilen wollt, dann nehme ich sie weg – und keine von euch darf sie haben!" Oder: „Ich will dieses Geschrei nicht mehr hören. Patricia, sei gefälligst nicht so egoistisch!" Erziehungstechniken wie die Kinder anschreien, etwas von ihnen fordern, ihnen etwas vorenthalten, was sie gerne hätten, und sogar das Zurückgreifen auf das altbewährte „Macht doch mal eine Pause!" führen möglicherweise sogar zu dem gewünschten Resultat, nämlich einem Ende der Streiterei, aber die Eltern werden damit nur kurzfristig zufrieden sein.

Und zwar deshalb, weil man bei der Machtmethode einen äußerst wichtigen Teil des Gesamtbilds übersieht: die Kinder selbst. Wie fühlen *sie* sich? Höchstwahrscheinlich sind sie noch immer genauso wütend und frustriert wie zu dem Zeitpunkt, als der Streit begann. Und nicht nur das – sie haben auch nicht gelernt, ihr Problem zu lösen; und das kann bedeuten, dass sie nach einer kurzen Unterbrechung erneut beginnen, sich wegen der Knetmasse zu zanken. Und vermutlich werden sie sich schon am nächsten Tag wegen etwas anderem streiten. Ein weiterer negativer Effekt der Machtmethode ist, dass Kinder sich mit der Zeit so überwältigt fühlen, dass sie gleichgültig oder aggressiv werden und infolgedessen ihre Frustration an ihren Freunden oder in der Schule abreagieren.

Julia hätte auch noch andere Strategien anwenden können – zum Beispiel eine, die ich die „Suggestivmethode" nenne, oder eine andere, die „Erklärmethode". Hätte Julia die Suggestivmethode benutzt, so hätte sie ihren Kindern suggeriert, was sie tun sollen, statt, was sie *nicht* tun sollen. Beispielsweise hätte sie gesagt: „Du sollst ‚bitte' sagen, wenn du etwas willst", oder: „Du sollst deine Spielsachen mit deiner Schwester teilen." Hätte Julia die Erklärmethode angewandt, so hätte sie vielleicht gesagt: „Wenn ihr beide nicht lernt, miteinander zu teilen, wird nie jemand mit euch spielen, und ihr werdet keine Freunde haben." Dieser Ansatz funktioniert unter der Voraussetzung, dass Kinder, die die Auswirkungen ihres Verhaltens verstehen, weniger geneigt sind, Verhaltensweisen anzunehmen, die ihnen selbst oder anderen wehtun. Im Zusammenhang mit der Erklärmethode hätte Julia vermutlich den häufig angewandten Leitsatz: „Sende Ich-Botschaften!" umgesetzt und zum Beispiel gesagt: „*Ich* bin wütend, wenn ihr beide euch so heftig streitet."

Wenn auch das Suggerieren/Vorschlagen und Erklären positiver sind als die Machtmethode, so muss man doch einräumen, dass Eltern, die diese drei Methoden praktizieren, dabei *für* ihre Kinder denken. Anstatt von ihren Kindern zu verlangen, selbst ihre Probleme zu lösen, halten diese Eltern einen Monolog, sie führen keinen Dialog. Sie sprechen *zu* ihren Kindern, nicht *mit* ihnen, und aller Wahrscheinlichkeit nach haben ihre Kinder bereits auf stur geschaltet gegenüber allen Vorschlägen oder Erklärungen, die ihre Eltern ihnen angeboten haben. Vermutlich werden die Eltern irgendwann frustriert feststellen, dass ihre Kinder ihnen nicht zuhören – woraus zwangsläufig eine verzwickte Situation entsteht, in der keiner gewinnen kann.

Keiner dieser drei Ansätze hilft Eltern, die Gefühle ihrer Kinder zu erkennen oder zu verstehen; und auch die Gefühle, die die Eltern haben, wenn sie sich spannungsgeladenen Situationen mit ihren Kindern gegenübersehen, werden dabei nicht berücksichtigt.

Beim Einsatz der Dialogtechnik als Problemlösungsmethode – der Methode, die Julia bei ihren Töchtern angewandt hat – werden sowohl die Bedürfnisse und Gefühle der Eltern wie auch die der Kinder berücksichtigt.

Julia weiß das. Sie ist eine Mutter, die weiter denkt. Das Entscheidende dabei ist, dass sie sich proaktiv und nicht reaktiv verhält. Ganz gleich, ob Ihr Kind ein Problem mit Geschwistern, Klassenkameraden, Freunden oder mit Ihnen selbst hat – Eltern, die weiter denken, wägen Möglichkeiten ab, erklären, wie man gegebenenfalls reagieren könnte, und helfen damit ihrem Kind, zu verstehen, *wie*, nicht *was* es denken sollte, damit es das Problem alleine lösen kann.

Stellen wir uns drei Kinder vor – alle fünf Jahre alt –, die mit einem bestimmten Spielzeug spielen wollen.

Lenny sagt zu seinem jüngeren Bruder: „Gib mir diesen Zug! Er gehört mir, und ich bin jetzt an der Reihe." Als sein Bruder sich weigert, ihm das Spielzeug auszuhändigen, nimmt Lenny es sich einfach und geht aus dem Zimmer.

Sonja fragt ihre Schwester, ob sie jetzt mit ihrer Puppe spielen dürfe. Als ihre Schwester verneint, gibt Sonja auf, geht aus dem Zimmer und schmollt.

Anthony fragt seinen Bruder, ob er jetzt mit seinem Feuerwehrwagen spielen dürfe. Als dieser ihm das Spielzeug nicht geben will, fragt er: „Warum kann ich es nicht haben?"

„Ich brauche es. Ich lösche gerade einen Brand."

„Ich kann dir dabei helfen", erwidert Anthony. „Ich hole einen Schlauch, dann können wir das Feuer zusammen ausmachen."

Worin unterscheidet sich Anthony von Lenny und Sonja? Lenny reagiert auf seine Frustration, indem er sie ausagiert – im vorliegenden Fall dadurch, dass er sich das Spielzeug einfach nimmt. Sonja macht einen Vorschlag – eine Weile mit der Puppe zu spielen –, aber als ihre Schwester nicht darauf eingeht, gibt sie auf und zieht sich zurück.

Anthony tut weder das eine noch das andere. Als er begreift, dass seine erste Lösung nicht funktioniert, kommt er auf eine andere. Vielleicht hat er einen Augenblick lang daran gedacht, seinen Bruder zu schlagen oder ihm das Feuerwehrauto einfach wegzunehmen, aber er tut es nicht. Sein Einfühlungsvermögen lässt das nicht zu. Stattdessen gelingt es ihm, auszuhandeln, was er will, ohne sich selbst oder seinem Bruder wehzutun. Er bringt es fertig, seinem eigenen Bedürfnis und dem seines Bruders Rechnung zu tragen.

Anthony ist ein Kind, das weiter denkt.

Allen Kindern kann man beibringen, so zu denken wie Anthony. Nicht nur hat die Fähigkeit, Probleme zu lösen, einen dauerhaften Einfluss auf das, was Kinder gegenwärtig tun, sondern diese Fähigkeit wirkt sich – wie meine Forschungen zeigen – auch auf ihr späteres Handeln aus: zum Beispiel dem Gruppendruck widerstehen, wenn sie aufgefordert werden, potenziell gefährliche Verhaltensweisen mitzumachen, wie etwa das Experimentieren mit Drogen, Alkohol, ungeschützten Sex und Gewalt.

Und geraume Zeit später wird aus dem Kind, das weiter denkt, wahrscheinlich einmal eine Mutter oder ein Vater werden, die oder der weiter denkt.

Meine Absicht beim Schreiben des vorliegenden Buches bestand darin, ein leicht lesbares Handbuch für schwierige Alltagsprobleme zu verfassen, mit denen Eltern und ihre Kinder (vom Vorschulalter bis ungefähr zum zwölften Lebensjahr) konfrontiert werden – und überdies aufzuzeigen, wie diese Probleme gelöst werden können.

Das Buch ist thematisch geordnet. Jedes Kapitel ist einem speziellen Problem gewidmet – z. B. Wut, Aggression oder Einfühlungsvermögen – und enthält mehrere Szenen, die diese Probleme veranschaulichen. Diese Einteilung ermöglicht Ihnen, jedes Thema von verschiedenen Perspektiven aus zu betrachten.

Mit Hilfe dieses Buches werden Sie lernen, wie Sie Ihr Kind befähigen können, vernünftige Entscheidungen zu fällen, und wie Sie ihm die Freiheit geben, diese neu erworbenen Fähigkeiten auch anzuwenden. Sie werden lernen, Ihr Kind so anzuleiten, dass es sein Verhalten ändert und weniger aggressiv, gehemmt und ängstlich und dafür kooperativer und empathischer wird. Und es wird besser imstande sein, mit den Frustrationen und Enttäuschungen des Lebens fertig zu werden. Zudem werden Sie sehen, dass die Fähigkeit, Probleme zu lösen, einem Kind auch helfen kann, bessere Erfolge in der Schule zu erzielen. Sie werden sogar feststellen, dass es mehr echtes Mitgefühl entwickelt. Dank der Problemlösungsmethode lernt ein Kind allmählich zu verstehen, dass auch seine Eltern Gefühle haben.

Einige Kapitel regen Sie vielleicht dazu an, Ihr eigenes Verhalten Ihrem Kind gegenüber zu überdenken. Vielleicht werden Ihnen bei der Lektüre Fragen kommen, wie zum

Beispiel: Wie zweckmäßig sind Auszeiten (bzw. Pausen)? Hilft oder schadet ein Klaps oder eine Ohrfeige meinem Kind? Muss ich lernen, besser zuzuhören? Und wie gelingt mir das?

Wenn Sie dieses Buch in die Praxis umsetzen, werden Sie nicht nur mehr Selbstvertrauen im Umgang mit häufig wiederkehrenden Situationen bekommen, sondern überdies auch lernen, wie Sie Ihr Kind im Alltag an die Dialogtechnik des Problemelösens heranführen. Und Sie werden dafür sorgen, dass Ihr Kind das nötige „Rüstzeug" erhält, um nicht nur gegenwärtig mit dem Leben zurechtzukommen, sondern auch in den nächsten Jahren und, viel später, im Erwachsenenalter. Selbst wenn Sie aus meinen früheren Büchern bereits mit dem IKPL-Programm vertraut sind, werden Sie merken, dass Sie in dem vorliegenden Buch ein überaus zweckdienliches und leicht handzuhabendes Nachschlagewerk haben, wenn bestimmte Probleme auftreten – und das wird ganz unvermeidlich geschehen.

Obwohl ich an die Nützlichkeit und Effizienz meiner Methode glaube, verschließe ich mich prinzipiell keiner Erziehungstechnik. Beispielsweise würde ich Ihnen nicht raten, Ihr Kind niemals anzuschreien oder niemals Ihre Wut zu zeigen. Das wäre unnatürlich. Wir alle müssen unseren Gefühlen Ausdruck verleihen, und Kinder müssen lernen, mit dieser Realität fertig zu werden. Doch wenn Sie immer – oder sehr oft – mit Wut reagieren und Strafen verhängen, wenn Ihre Kinder etwas getan haben, das Sie nicht gutheißen, dann werden die Kinder es schwer haben, sich zu unabhängigen, selbstständig denkenden Menschen zu entwickeln. Auch wenn ich Ihnen nicht vorschreibe, was Sie tun sollen, zeige ich Ihnen doch neue Wege auf, Probleme zu betrachten, und dies wird Ihnen helfen, zu entscheiden, was für Sie und Ihre Familie das Beste ist.

Irving Sigel von der Princeton University sagte im November 2000 zu mir: „Jedes Mal, wenn man ein Kind etwas lehrt, was es selbst entdeckt haben könnte, hält man es davon ab, selbst darauf zu kommen, und infolgedessen, die Sache ganz und gar zu verstehen." Mein Wunsch ist, dass dieses Buch Ihnen helfen möge, Ihren Kindern diese Chance zu geben: zu entdecken, wie sie sich ihren Weg durch ihre zwischenmenschlichen „Welten" bahnen und sie verstehen können.

Und wo kann ein Kind dies besser lernen als zu Hause? Wie Bonnie Aberson, Neuropsychologin und Schulpsychologin, die seit mehr als fünfzehn Jahren mit dem IKPL-Programm arbeitet, einmal sagte: „Kinder können lernen, dass – egal, wie schwierig Situationen in anderen Umgebungen sein mögen – die Familie einen Zufluchtsort bietet, wo jeder Gehör findet und akzeptiert wird und wo Probleme gelöst werden können. Die offene und sich gegenseitig anerkennende Kommunikation, die das IKPL fördert, stärkt das Gefühl der Bindung und die Überzeugung, dass Probleme tatsächlich gelöst werden können."

Obwohl es nie zu spät ist, damit zu beginnen, kann man gar nicht früh genug damit anfangen.

Was wir unseren Kindern im Grunde damit sagen, ist: „Es ist mir wichtig, wie du dich fühlst, es ist mir wichtig, was du denkst, und ich möchte, dass auch dir das wichtig ist." Überdies geben wir den Kindern zu verstehen: „Ich vertraue darauf, dass du richtige Entscheidungen triffst." Ich glaube, nachdem Sie die hier beschriebene Problemlösungsmethode ausprobiert haben, werden Sie sich sicher genug fühlen, um ihnen dieses Vertrauen zu schenken.

Erster Teil
Ein guter Umgang mit Gefühlen

Wenn Kinder die Kontrolle über ihr Leben übernehmen können, lassen sie sich nicht vom Leben beherrschen.

In dem Augenblick, wo Ihre Tochter nach der Schule durch die Tür tritt, wissen Sie, dass ihr etwas Wunderbares geschehen ist – Sie können ihr Glücksgefühl an ihren Augen, ihrem Gang, ja sogar an ihrer Körperhaltung ablesen. „Mami!", ruft sie, so aus dem Häuschen, dass sie kaum die Worte herausbringt: „Kannst du dich an die Inhaltsbeschreibung von dem Buch erinnern, die ich neulich abgeben musste? Ich hab sie heute wiederbekommen, und meiner Lehrerin hat sie sehr gut gefallen. Ich hab eine Eins gekriegt!"

Solche Glücksmomente sind oft ansteckend. Sie wissen einfach ganz genau, was Sie zu antworten haben: „Das ist ja toll! Ich freu mich wahnsinnig für dich!"

An anderen Tagen sind die Gefühle Ihrer Tochter vielleicht weniger leicht zu ergründen. Ihr Blick ist verschlossen und sie redet nicht viel. Sie überlegen, welche Fragen sie dazu bringen könnten, aus sich herauszugehen – und dann überlegen Sie, ob sie überhaupt sprechen möchte. Und wenn Sie sie drängen, könnte sie das hemmen, wodurch sie sich noch mehr verschließt.

An manchen Tagen kommt sie vielleicht mit einer geradezu elenden Miene nach Hause. „Jamie hat gesagt, ich wäre nicht mehr ihre beste Freundin", antwortet sie auf Ihre Frage, und ihre Stimme ist so leise, dass Sie sie kaum verstehen können.

Was sagen Sie jetzt? Was können Sie tun, damit sie sich besser fühlt?

Gefühle sind nicht nur universell, sondern schon bei unserer Geburt vorhanden. Beobachten Sie einmal einen hungrigen Säugling, der gestillt wird, und achten Sie auf das Kaleidoskop der Emotionen, die sich auf seinem Gesicht widerspiegeln, wenn er Wut, Frustration, Überraschung, Sättigung und Zufriedenheit empfindet.

Aber nur wenige Dinge sind so schwer zu handhaben wie Gefühle. Obwohl sie nicht fassbar sind – wir können sie weder anfassen noch riechen –, sind sie unbestreitbar real. Und zudem haben sie eine körperliche Komponente. Wir fühlen Emotionen in unserem Körper. Manche Menschen fühlen Angst in der Magengrube, andere in der Kehle. Wir alle haben unterschiedliche Reaktionen.

Wollen Sie Ihrem Kind helfen, mit seinen Gefühlen zurechtzukommen, so müssen Sie erst einmal mit Ihren eigenen zurechtkommen. Damit können Sie anfangen, indem Sie sich Ihre eigenen emotionalen Reaktionen auf Ereignisse in Ihrem Leben bewusst machen. Wie fühlen Sie sich, wenn etwas Positives geschieht, wie zum Beispiel eine berufliche Beförderung?

Und nun denken Sie einmal über Folgendes nach: Wie fühlen Sie sich, wenn Sie wollen, dass etwas geschieht, und es dann nicht geschieht? Wie fühlen Sie sich, wenn etwas, von dem Sie glaubten, es würde geschehen, dann nicht geschieht? Werden Sie wütend, fühlen Sie sich frustriert oder traurig? Lassen Sie Ihre Enttäuschung an anderen aus, geben Sie auf, oder finden Sie einen Weg, Ihre Gefühlslage zu verbessern?

Sobald Sie Ihre eigenen Gefühle und Reaktionen erkannt haben, können Sie Ihrem Kind helfen, seine zu erkennen. Kinder lernen von uns etwas über ihre Gefühle. Erleben wir zum Beispiel Glück oder sehen wir es bei unseren Kindern, dann fassen wir es in Worte: „Du siehst heute aber glücklich aus!“ oder „Warum schaust du so traurig?“ Mit der Zeit lernen Kinder, das, was sich in ihrem Inneren abspielt, mit der Außenwelt zu assoziieren.

Kann man Emotionen in Worte fassen, so verfügt man

über ein machtvolles Instrument. Kinder haben das Gefühl, mehr Kontrolle über sich selbst und ihre Welt zu haben, wenn sie beschreiben können, wie sie sich fühlen. Deshalb ist es wichtig, ihnen zu helfen, die volle Bandbreite der Emotionen zu erkennen. Viele Kinder antworten auf die Frage, wie sie sich fühlen: „gut“, „super“, „schlecht“, „scheußlich“ oder „grässlich“. Nur sehr wenige antworten: „glücklich“, „stolz“, „traurig“, „frustriert“, „ängstlich“. Das Verwenden eines Gefühlswortes hilft den Kindern nicht nur, besser zu verstehen, wie sie sich wirklich fühlen, sondern es kann auch darüber entscheiden, was sie als Nächstes tun. Ein Kind tut unter Umständen etwas anderes, wenn es sich traurig fühlt, als wenn es sich frustriert fühlt. Wenn es lediglich meint, es fühle sich „schlecht“ oder „schrecklich“ oder „grässlich“, so wird ihm das nicht helfen, seinen nächsten Schritt klug zu entscheiden.

Doch es ist nicht nur wichtig, Kindern zu helfen, ihre Gefühle zu erkennen und zu artikulieren; ebenso notwendig ist es, dafür zu sorgen, dass sie sich sicher genug fühlen, um ihren Emotionen Ausdruck zu verleihen. In meiner Arbeit mit Kindern habe ich gelernt, dass sie, wenn sie sich sicher fühlen – und dies gilt für Jungen wie für Mädchen –, bereitwillig über alle ihre Emotionen sprechen, auch über die unangenehmen.

Wenn Kinder sich zu guten Problemlösern entwickeln, sind sie auch imstande, an die möglichen Konsequenzen zu denken, die mit der Enthüllung ihrer innersten Gedanken und Gefühle einhergehen. Sie können entscheiden, ob es klug ist, diese Gedanken und Gefühle anderen zu erzählen – das heißt, ob sie mit einem Freund über eine Angst sprechen können, ohne befürchten zu müssen, dass das Gespräch sich später negativ für sie auswirken wird. Das verleiht ihnen ein Gefühl der Macht, weil sie sich bewusst sind, dass sie selbst darüber entscheiden, was sie anderen sagen und was sie für sich behalten.

Die Kapitel dieses ersten Teils zeigen, wie Sie Ihren Kindern helfen können, mit Gefühlen fertig zu werden, die manchmal – insbesondere für Jungen – schwer auszudrücken sind. Dazu gehören Enttäuschung, Frustration, Traurigkeit und Angst und Gefühle wie Wut, die manchmal schwer zu kontrollieren sind. Außerdem möchte ich auf die schwer fassbaren und zuweilen chronisch vorhandenen Gefühle wie Stress und Beklemmung eingehen, ganz gleich, ob sie daher rühren, dass ein Kind eine neue Schule besucht oder Klassenarbeiten schreiben muss oder emotionalen Belastungen ausgesetzt ist, die das Lernen beeinträchtigen können, oder mit nicht kontrollierbaren Ereignissen zurechtkommen muss, wie zum Beispiel lange andauernden, lebensbedrohenden Krankheiten in der Familie.

Lernen Kinder, solch schwierige Situationen zu handhaben, werden sie sich zu fürsorglichen, mitfühlenden Menschen entwickeln, die ihre Emotionen verstehen und akzeptieren können. Zudem werden sie lernen, dass sie sie beherrschen können. Das hilft ihnen, ein Gefühl der Kontrolle über das eigene Leben zu entwickeln – wodurch sie weniger anfällig dafür sind, zuzulassen, dass das Leben die Kontrolle über sie gewinnt.

Erstes Kapitel
Wut

Oh, diese Wutanfälle

Sie sind mit Ihrem dreijährigen Sohn in einem Supermarkt. Plötzlich entdeckt er eine Packung Cornflakes, die er unbedingt haben möchte. Begierig greift er danach, doch Sie sagen ihm, dass Sie sie nicht kaufen wollen – der Zuckergehalt ist zu hoch –, und wählen stattdessen eine Marke mit weniger Zucker. Wütend stemmt er sich gegen den Einkaufswagen, wird immer aufgeregter, schlägt mit den Armen um sich, sein Gesicht wird ganz rot – und Sie beschleicht dieses schreckliche, flaue Gefühl: Jetzt bekommt er gleich wieder einmal einen seiner Wutanfälle. Schon neulich hatte er einen, als Sie zusammen Ihre Mutter besuchten. Diese Ausbrüche kommen immer zur unpassendsten Zeit.

Mittlerweile brüllt Ihr Sohn, und Sie müssen entscheiden, wie Sie reagieren wollen.

Sie können ihn bitten, ruhig zu sein, aber er wird nicht auf Sie hören. Sie können ihm drohen, nachher nicht mit ihm auf den Spielplatz zu gehen, wie Sie es eigentlich versprochen hatten, aber das wird ihn nicht weiter beeindrucken. Sie können sein Verhalten einfach ignorieren und hoffen, dass es vorübergeht, aber Sie wissen, dass dies nicht so bald geschehen wird. Sie können nachgeben und die

Cornflakes-Packung in Ihren Einkaufswagen legen, aber Sie wollen nicht, dass Ihr Sohn denkt, er bekäme stets seinen Willen, wenn er nur lange und laut genug brüllt. Sie können Ihrerseits wütend werden – die Stimme heben, ihm die Packung aus den Händen reißen –, aber wie können Sie erwarten, dass Ihr Kind lernt, sich zu beherrschen, wenn Sie es nicht tun?

Leider klingt keine dieser Möglichkeiten besonders reizvoll oder effizient. Es gibt nicht *die* einzig wirksame Methode, mit Wutanfällen umzugehen. Aber es gibt eine Möglichkeit, sie zu vermeiden – ihnen Einhalt zu gebieten, ehe sie überhaupt anfangen.

Und das können Sie tun, indem Sie das „Gleich und anders"-Spiel mit Ihrem Kind spielen.

Zu einem Zeitpunkt, wenn Sie und Ihr Kind sich ganz entspannt fühlen und Freude aneinander haben, bitten Sie Ihr Kind, sich anzuschauen, was Sie jetzt mit Ihren Armen tun werden. Bilden Sie dann zuerst große Kreise mit Ihren ausgestreckten Armen. Klatschen Sie daraufhin in die Hände. Nun fragen Sie Ihr Kind: „Habe ich zweimal das Gleiche gemacht oder habe ich beim zweiten Mal etwas *anders* gemacht?"

Wenn Ihr Kind antwortet: „Anders", denken Sie sich zwei verschiedene Dinge aus, die Sie mit den Füßen machen können, damit es erneut genauso antworten kann. Nun bitten Sie das Kind, sich zwei Körperbewegungen auszudenken und daraufhin *Sie* zu fragen, ob es zweimal das Gleiche oder beim zweiten Mal etwas anders gemacht hat.

Dieses Spiel können Sie auch auf dem Spielplatz machen. „Schau dir die beiden Kinder an", können Sie sagen. „Haben ihre Hemden die gleiche Farbe oder sieht eines *anders* aus als das andere?"

Spielen Sie dieses Spiel auch, wenn Sie fernsehen, zusammen Rad fahren oder unterwegs zu einem Freund Ihres Kindes sind. Das Ziel hierbei ist, dem Kind dic Wörter *gleich* und *anders* beizubringen.

Was hat das mit den Wutanfällen zu tun? Wenn Sie das nächste Mal im Supermarkt oder bei Ihrer Mutter sind und spüren, dass Ihr Kind gleich einen Wutanfall bekommt, dann können Sie ganz ruhig zu ihm sagen: „Wir wollen das ‚Gleich und anders'-Spiel machen. Kannst du dir eine *andere* Art und Weise vorstellen, mir zu sagen, wie du dich jetzt gerade fühlst?"

Eine Dreijährige hörte in dem Augenblick auf zu weinen, wo ihre Mutter ihr diese Fragen stellte. Sie erinnerte sich daran, dass sie das Spiel mit ihrer Mutter gespielt hatte, lachte dann und sagte: „Ja, ich kann Kreise mit meinen Armen machen." Und ihre Wut war vcrflogcn.

Ein anderes, vierjähriges Mädchen war im Begriff, auf dem Spielplatz einen Wutanfall zu bekommen, als ihre Mutter sie fragte: „Kannst du dir eine *andere* Art und Weise vorstellen, mir zu sagen, wie du dich fühlst?"

Das Mädchen erkannte das Wort *anders*, hielt inne, lächelte kurz und beruhigte sich. Ein fünfjähriges Mädchen, das nach einem Eis brüllte, hörte auf zu schreien, als ihre Mutter ihr dieselbe Frage stellte, und sagte mit todernstem Gesicht: „Aber Eis fördert mein Wachstum." Die Mutter musste unwillkürlich lachen. Obwohl sie ihre gesamte Entschlossenheit aufbieten musste, um nicht nachzugeben, blieb sie fest. Innerhalb einer Minute hatte sich auch das Protestgeschrei ihrer Tochter in Lachen verwandelt.

> „Kannst du dir eine *andere* Art und Weise vorstellen, mir zu sagen, wie du dich fühlst?"

Verwandeln Sie Wutanfälle in eine Chance, Ihrem Kind zu zeigen, dass es eine Wahl hat: dass es unter einem breiten Spektrum von Möglichkeiten wählen kann, um auszudrücken, wie es sich fühlt. Auf diese Weise wird es Ihnen beiden leichter fallen, sich zu beherrschen.

Keine Kraftausdrücke mehr, verflixt nochmal!

Darren, acht Jahre alt, kam eines Tages mit mürrischem Gesicht aus der Schule. „Ich habe mich mit einem anderen Jungen im Schulbus geprügelt", erzählte er. „Ich kann ihn nicht ausstehen. Er ist ein verdammter Lügner." Seine Mutter Rosemary hatte ihn noch nie zuvor dieses Wort sagen hören, und obwohl sie Verständnis dafür hatte, wie er sich fühlte, sagte sie ihm sofort, er solle es nicht noch einmal verwenden.

Kurze Zeit später, als er mit seinem Freund telefonierte, hörte sie, wie er sagte: „Meine Rechenlehrerin ist so ein Miststück."

„Darren", unterbrach sic ihn. „Nimm dieses Wort nie wieder in den Mund! Geh in dein Zimmer!" Er knallte die Tür so heftig zu, dass die Wände wackelten.

Am selben Abend, als Rosemary ihn nach seiner Hausaufgabe in Sachkunde fragte, erwiderte er: „Verdammt nochmal, ich hab keine Ahnung, was wir in diesem saublöden Fach eigentlich treiben."

Rosemary verschlug es die Sprache. Was war los mit ihrem Sohn? Natürlich wusste sie, dass Kinder ständig mitbekommen, wie andere Menschen fluchen oder Kraftausdrücke benutzen – sei es in Popsongs, Filmen oder im Fernsehen. Aber warum reizten ihn plötzlich genau die Worte so sehr, die sie selbst abstoßend fand?

Sie forderte Darren auf, die entsprechenden Ausdrücke nicht mehr zu verwenden, erklärte, sie wolle sie einfach nicht mehr hören. „Aber alle sprechen so", verteidigte er sich. Daraufhin versuchte sie ihm klar zu machen, dass manche Menschen sich durch Kraftausdrücke unangenehm berührt fühlen. „Meine Freunde nicht", entgegnete er. Und als sie ihn fragte, warum seine Sprache so vulgär geworden sei, zuckte er nur mit den Schultern und erwiderte: „Ist halt so."

Rosemary war mit ihrem Latein am Ende. Was sollte sie tun?

Sie überlegte, ob irgendetwas Darren momentan vielleicht aufregte, ihn dazu brachte, anstößige Wörter zu benutzen. Fluchen kann ein Signal für ein wirkliches Problem sein, ist jedoch niemals das Problem selbst. Nehmen wir den Fall des zehnjährigen Jerome, der immer gut in Mathematik gewesen war, aber mit Bruchrechnen nicht zurande kam und deshalb ungeheuer wütend war. Da er zu stolz war, um Hilfe zu bitten, begann er, schlechte Noten in seinen Klassenarbeiten zu schreiben. Gleichzeitig fing er an, Kraftausdrücke zu benutzen und zu fluchen, insbesondere, wenn über die Schule gesprochen wurde. Auf diese Weise reagierte er seine Frustration ab. Als seine Eltern den Grund für diese Frustration entdeckten, sorgten sie dafür, dass er Nachhilfe im Bruchrechnen erhielt; daraufhin wurden seine Noten besser – und das Fluchen hörte auf.

Doch häufig benutzen Kinder wie Darren Kraftausdrücke, um andere damit zu schockieren und herauszufordern. Wenn Sie den Verdacht haben, dass dies auf Ihr Kind zutreffen könnte, dann sollten Sie es beispielsweise fragen:

„Wie, glaubst du, fühle ich mich, wenn du so sprichst?"
„Kannst du dir eine *andere* Art und Weise vorstellen, mir (oder deinen Freunden) zu sagen, wie du dich fühlst?"

Darren war so überrascht, als ihm diese Fragen gestellt wurden, dass er abrupt innehielt. Es war ihm zu Bewusstsein gekommen, dass auch seine Mutter Gefühle hatte! Sie hat ihn nie wieder fluchen hören.

Ich hasse dich, Mama!

Paul, neun Jahre alt, spielte nach der Schule mit einem Freund, kam spät nach Hause und schaffte es nicht mehr, alle seine Hausaufgaben zu machen. Es war in dieser Woche bereits das zweite Mal, dass er seine Aufgaben nicht zufriedenstellend erledigte. Fran, seine Mutter, ärgerte sich sehr über ihn, und als er zum Abendessen ins Zimmer kam, sagte sie: „Wenn du das noch einmal tust, bekommst du eine Woche lang Hausarrest."

Paul fühlte sich in die Enge getrieben. Er kniff die Augen zusammen, sein Gesicht wurde ganz rot und er zischte: „Mama, ich hasse dich!"

Fran hatte das Gefühl, einen Schlag in die Magengrube zu bekommen. Hass ist ein drastisches Wort. Man kommt gar nicht umhin, darauf zu reagieren. Im Inneren wusste Fran, dass Paul sie nicht wirklich hasste – oder wenn er es tat, dann nur in diesem Augenblick. Aber sie konnte nicht leugnen, dass sie verletzt, schockiert und wütend war, und sie war nicht imstande, ihre Gefühle vor ihrem Sohn zu verbergen.

Aber ebenso wusste sie, dass auch Paul sehr wütend war, und sie wollte seine Gefühle nicht ignorieren. Für sie war dies ein Augenblick, der nicht vorübergehen sollte, ohne dass sie etwas dazu sagte. Aber was konnte sie sagen, um die Situation zu entspannen und nicht etwa noch anzuheizen?

Wenn sie sagen würde: „Ich hasse dich nicht", würde er es vermutlich gar nicht zur Kenntnis nehmen – und falls er es doch täte, dann würde er ihr keine Beachtung schenken, weil er immer noch viel zu aufgebracht dazu war.

Wenn sie versuchte, Paul zu erklären, warum man in seinem Alter unbedingt lernen muss, die Verantwortung für seine eigenen Angelegenheiten zu übernehmen, würde er wahrscheinlich auch das nicht registrieren, weil er jetzt nichts über Pflichten und logische Argumente hören wollte.

Sie konnte sagen: „Ich weiß, dass du wütend bist, aber du kannst nicht immer nur das tun, was du willst." Das war eine bessere Antwort, weil sie Paul damit zu verstehen geben würde, dass sie begriff, wie wütend er war. Aber es würde nicht dazu beitragen, dass er weniger frustriert und aufgebracht war.

Hier ist mein Vorschlag, wie Sie reagieren sollten, wenn eine solche Situation bei Ihnen zu Hause auftritt. Fragen Sie Ihr Kind: „Wie, glaubst du, fühle ich mich, wenn du so mit mir sprichst?"

Paul war überrascht, als Fran ihm diese Frage stellte. Er hatte noch nie darüber nachgedacht, wie seine Mutter sich aufgrund seines Verhaltens wohl fühlen mochte. Aber da er noch immer wütend war, zuckte er mit den Schultern und brummte: „Keine Ahnung."

Daraufhin fragte Fran: „Kannst du dir eine andere Art und Weise vorstellen, um mir zu sagen, wie du dich fühlst?" Noch immer wütend, ging Paul aus dem Zimmer. Aber als ihm der verletzte Gesichtsausdruck seiner Mutter einfiel, kam er wieder zurück, entschuldigte sich und sagte ihr, dass er es nicht so gemeint habe.

Jetzt, wo sie beide sich beruhigt hatten, konnte Fran das Problem angehen, das ihren Sohn so erzürnt hatte. Sie konnte jetzt fragen: „Was könntest du wohl tun, damit du deine Hausaufgaben in Zukunft pünktlich erledigst?" Paul wusste auf diese Frage keine Antwort, weil er sie noch nie zuvor gehört hatte; er musste eine Weile darüber nachdenken. Schließlich meinte er: „Vielleicht könnte ich meine Hausaufgaben zuerst machen und dann mit meinen Freunden spielen." (Mehr darüber, wie Sie Ihrem Kind helfen können, seine Hausaufgabenzeit richtig zu planen, finden Sie im 13. Kapitel dieses Buches.)

Wenn Sie Ihrem Kind solche Fragen stellen, lernt es, dass nicht seine *Gefühle* ein Problem darstellen, sondern die Art und Weise, in der es sie zum Ausdruck bringt. Paul hatte rechtzeitig begriffen, wie verletzend es für einen anderen Menschen sein konnte, wenn er seine Wut unreflektiert zum Ausdruck brachte. Außerdem lernte er, darüber nachzudenken, wie ein anderer Mensch möglicherweise auf seine Gefühle reagieren würde. Jetzt wusste er: Wenn er wütend war, gab es andere Möglichkeiten, das auszudrücken.

Je mehr wir verbal auf unsere Kinder „einschlagen", desto mehr schlagen sie auf uns ein – oder möchten es gerne.

Frans neue Art und Weise, mit ihrem Sohn zu sprechen, unterschied sich ganz wesentlich von ihrer zuvor ausgesprochenen Drohung, ihm Hausarrest zu geben. Und Paul musste sie nicht mehr „hassen".

Ist Ihr Kind wütend?
Was versteht es wirklich?

Es mag ja sein, dass Männer vom Mars und Frauen von der Venus stammen, aber Kinder, insbesondere kleine Kinder, scheinen häufig von einem ganz eigenen Planeten zu kommen.

Ich möchte Ihnen ein paar Beispiele dafür geben. Eines Morgens kam ich in eine Vorschulklasse, und als ich ein fröhliches, ausgelassenes Kind sah, begrüßte ich es mit den Worten: „Hallo, Spezi."

„Ich bin nicht Spezi", antwortete das Kind. „Ich bin Richard."

Ein anderes Mal wartete ich an einem Bahnhof auf ein Taxi und hörte mit, wie hinter mir eine Familie ihre Reisen quer durchs Land schilderte. Ich drehte mich um und sagte mit einem Lächeln: „Sie ziehen ja wirklich viel herum."

Die sechsjährige Tochter der Familie verbesserte mich. „Wir ziehen nicht herum, wir unternehmen nur Reisen", sagte sie sehr sachlich und zeigte mir damit, wie konkret kleine Kinder denken.

Kinder scheinen Wörter konkreter zu verwenden und anders über die Welt nachzudenken als wir Erwachsene. Vielleicht sind wir deshalb so oft damit beschäftigt, unseren Kindern zu erklären, was sie tun sollen und warum, und regen uns auf, wenn sie nicht tun, was wir verlangen. Was uns dabei oft entgeht, ist, dass Kinder manchmal tatsächlich nicht verstehen, worum wir sie bitten.

Im Folgenden ein Beispiel dafür, wie Eltern das Verhalten ihres Kindes fehlinterpretieren können. Der vierjährige Eli warf wütend sein Glas vom Tisch auf den Boden, weil er fernsehen wollte, seine Mutter jedoch gesagt hatte, er müsse noch am Tisch sitzen bleiben. Als das Glas zerbrach, schickte seine Mutter ihn in sein Zimmer, wobei sie schrie: „Mach das nicht noch einmal! Du kannst doch hier nicht einfach Dinge kaputtmachen! Das hast du mit Absicht getan, und Mama ist sehr böse auf dich. Verstehst du das?"

Erschrocken und gehorsam antwortete Eli: „Ja." Seine Mutter war zufrieden, dass er seine Lektion gelernt hatte.

Aber hatte er das wirklich?

Wenn ich jetzt über die Situation nachdenke, bin ich mir nicht so sicher. Ich vermute, dass eines der folgenden drei Dinge geschehen ist:

- Eli hat seine Lektion gelernt und wird künftig keine Gegenstände mehr auf den Boden werfen, auch wenn er seinen Willen nicht bekommt.
- Eli hat kein Wort von dem aufgenommen, was seine Mutter sagte.
- Eli hat nicht wirklich verstanden, was seine Mutter ihm zu sagen versuchte.

Der erste Fall ist unwahrscheinlich. Ein drohender Befehlston ändert das Verhalten eines Kindes nicht so schnell grundlegend. Der zweite ist schon wahrscheinlicher: Da Eli nicht angebrüllt werden will, wird er vermutlich seine Ohren „auf Durchzug gestellt" und kein Wort von dem, was seine Mutter ihm zugebrüllt hat, zur Kenntnis genommen haben.

Aber am wahrscheinlichsten ist der dritte Vorgang. Die meisten vierjährigen Kinder sind nicht imstande, eine Absicht von dem zu unterscheiden, was tatsächlich geschieht. Das heißt, es ist gut möglich, dass Eli gar nicht verstanden hat, was so schlimm daran war, ein Glas absichtlich zu zerbrechen. Wie viele Kinder seines Alters hat er vielleicht gedacht, es wäre schlimmer, fünf Gläser zu zerbrechen, indem er aus Versehen in jemanden hineinrennt, den er nicht gesehen hat und der ein Tablett mit fünf Gläsern trug, als ein einziges Glas absichtlich kaputtzumachen, weil er wütend war und es darum auf den Boden warf. Warum? Nun, fünf ist schließlich mehr als eins.

Genau das traf auf die vierjährige Megan zu, die ihrer Freundin etwas Knetmasse wegnahm, mit dem Argument: „Julie hatte mehr als ich." In Wirklichkeit hatten beide Mädchen dieselbe Menge Knetmasse. Aber Julie hatte ihre Knetmasse zu einem Pfannkuchen platt gedrückt, und dadurch wirkte die Masse größer. Megan fühlte sich betrogen.

Wenn Sie das nächste Mal Ihr Kind fragen: „Verstehst du?", dann sollten Sie die Möglichkeit in Betracht ziehen, dass dies, ganz unabhängig davon, was das Kind Ihnen antwortet, nicht der Fall ist.

Die Experimente des Psychologen Jean Piaget mit seinen eigenen Kindern haben deutlich gemacht, wie Kinder über die Begriffe „mehr" und „weniger" denken und warum wir uns vielleicht gegenseitig nicht immer verstehen, wenn wir wütend sind.

Legen Sie zehn Centstücke in einer Reihe hin, wobei Sie jeweils einen kleinen Zwischenraum lassen. Danach legen Sie weitere zehn Centstücke unter die erste Reihe. Fragen Sie Ihr Kind jetzt: „Haben diese Reihen jeweils dieselbe Anzahl von Centstücken oder hat eine Reihe mehr?"

Höchstwahrscheinlich wird es sagen: „Nein, sie haben beide gleich viele."

Und nun schieben Sie – *während das Kind zuschaut* – die untere Reihe etwas zusammen und fragen dann: „Haben diese beiden Reihen dieselbe Anzahl von Centstücken oder hat eine Reihe mehr?"

Daraufhin antwortet das Kind möglicherweise: „Die obere Reihe hat mehr." Und zwar deshalb, weil sie länger aussieht. Das Kind konzentriert sich auf das, was es sieht und wie die Dinge ausschauen – selbst wenn es gesehen hat, dass Sie kein Centstück von der unteren Reihe weggenommen haben. Sie helfen Ihrem Kind zu erkennen, was tatsächlich geschehen ist, indem Sie es bitten, die untere Reihe *selbst* zusammenzuschieben. Stellen Sie ihm danach die Frage, ob irgendwelche Centstücke hinzugefügt oder entfernt worden sind. Doch selbst jetzt versteht es – bis es etwa sechs oder sieben Jahre alt ist – möglicherweise nicht, dass beide Reihen dieselbe Anzahl von Centstücken aufweisen.

Wenn Ihre Tochter das nächste Mal glaubt, sie sei betrogen worden, obwohl Sie ihr genau dieselbe Menge Knetmasse gegeben haben wie ihrer Freundin, aber das eine Stück größer aussieht als das andere, dann versuchen Sie es doch mit Folgendem: Zeigen Sie ihr zwei Gläser mit Wasser; beide sind gleich groß und enthalten dieselbe Menge Wasser. Fragen Sie nun Ihr Kind, ob ein Glas mehr Wasser enthält oder ob beide dieselbe Menge aufweisen. Vermutlich wird es richtig antworten: „Dieselbe Menge." Und nun gießen Sie, während das Kind zusieht, Wasser aus einem Glas in ein größeres, schmaleres Glas. Jetzt wird es wahrscheinlich denken, in dem größeren, schmaleren sei mehr Wasser, weil „es höher ist". Und jetzt gießen Sie Wasser aus dem größeren, schmaleren Glas zurück in das ursprüngliche Glas. Nun wird Ihr Kind wahrscheinlich sagen: „Beide Gläser enthalten gleich viel Wasser." Anschließend formen Sie zwei Knetmasseklumpen zu zwei Bällen. Rollen Sie dann den einen flach, damit er größer aussieht. Einige Kinder werden den Trick durchschauen, manche aber erst, nachdem sie etwas älter geworden sind.

Manchmal nehmen wir an, ein Kind verstehe gewisse Dinge, die wir tun, doch Nachfragen ergibt oft, dass es sie völlig anders interpretiert. Und wenn wir verstehen, dass kleine Kinder anders denken als wir, können wir besser nachvollziehen, warum sie sich so verhalten, wie sie es tun.

Zweites Kapitel

Frustration und Enttäuschung

„Mein Kind kann schlecht verlieren"

Ihr achtjähriger Sohn und Ihre zehnjährige Tochter spielen Dame. Als der Junge verliert, ruft er weinend: „Sie hat gemogelt!"

Sie schlagen den beiden vor, doch ein anderes Spiel zu machen. Diesmal verliert Ihre Tochter. „Ich habe ihn gewinnen lassen", sagt sie gönnerhaft, was ihn in Wut versetzt.

Ihre neunjährige Tochter beginnt, jedes Spiel, das sie spielt, zu hintertreiben, sobald sie merkt, dass sie verlieren wird. „Hör auf, mich herumzukommandieren!", fährt sie ihre(n) Mitspieler an und verlässt ihren Platz.

Und Ihr Zwölfjähriger hat so viel Angst davor, zu verlieren – sei es beim Kartenspiel oder beim Kegeln –, dass er sich auf gar kein Spiel mehr einlässt.

Es gibt vieles, was Sie in einer solchen Situation sagen können: Sie können es mit Diplomatie und Gelassenheit versuchen und sagen: „Du gewinnst eben das nächste Mal", aber natürlich können Sie das nicht versprechen. Denn es ist durchaus möglich, dass der Junge auch das nächste oder übernächste Mal nicht gewinnt. Und wenn Ihr Kind Ihnen nicht vertrauen kann, haben Sie eine sehr wichtige Schlacht verloren.

Sie können auch sagen: „Morgen wirst du's vergessen haben." Aber vielleicht ist das nicht der Fall.

Sie können versuchen, Ihr Kind zu trösten, indem Sie zu ihm sagen: „Es tut mir Leid, dass du verloren hast. Ich weiß, dass du dich mies fühlst." Aber dadurch wird das Gespräch unter Umständen abrupt beendet. Denn wenn Sie Ihrem Kind suggerieren, wie es sich fühlt, hindern Sie es daran, herauszufinden, warum der Akt des Verlierens dazu führt, dass es ganz bestimmte Gefühle hat. Ja, es ist sogar möglich, dass es sich gar nicht schlecht fühlt; verlieren bedeutet vielleicht etwas ganz anderes für das Kind als für Sie selbst.

Ein guter Verlierer zu werden will gelernt sein. Es braucht Zeit. Wenn Kinder schlecht verlieren können, dann oft deshalb, weil sie sich nicht wohl in ihrer Haut fühlen. Oder sie denken, es könne etwas nicht stimmen, wenn sie verlieren. So wie ein älterer Junge es mir gegenüber ausdrückte, nachdem er im Schachspiel gegen seine jüngere Schwester verloren hatte: „Ich finde, ich *dürfte* nicht gegen sie verlieren." Kinder, die nur schwer verlieren können, haben also oft ein sehr stark ausgeprägtes Bedürfnis nach Kontrolle oder Macht.

Ich möchte nicht behaupten, dass die Reaktionsweisen, die ich oben angeführt habe, schädlich seien; sie sind nur unwirksam. Sie funktionieren deshalb nicht, weil sie die Wurzel des Problems, das Ihrem Kind zu schaffen macht, nicht anpacken. Und das ist nicht die Tatsache, ob das Kind gewinnt oder verliert, sondern, was es empfindet.

Was also können Sie tun? Was ist wirksamer?

Anstatt sich auf das Spiel zu konzentrieren oder einfach vorauszusetzen, was Ihr Kind empfindet, sollten Sie es fragen, wie es sich fühlt. Nachdem das Kind darauf geantwortet hat, sollten Sie Ihre Aufmerksamkeit auf die andere beteiligte Person richten und die Frage stellen: „Wie, glaubst du, fühlt sich deine Schwester, wenn du behauptest, sie hätte nur deshalb gewonnen, weil sie gemogelt hätte?“

Vielleicht erkennt Ihr Kind dann, dass die Schwester jetzt vermutlich traurig oder wütend ist. Und das ist ein viel versprechender Anfang.

Und jetzt fragen Sie: „Gewinnt deine Schwester nur manchmal – oder immer?“

Höchstwahrscheinlich wird Ihr Kind einräumen müssen, dass die Schwester nur manchmal gewinnt. Dann sollten Sie fragen: „Kannst du dir vorstellen, etwas *anderes* zu deiner Schwester zu sagen, damit sie nicht traurig oder wütend wird?“

Solche Fragen können Kindern helfen, den Begriff des Gewinnens und Verlierens zu verstehen, indem sie in einem größeren Zusammenhang über ihre eigenen Gefühle und die anderer nachdenken. Auf diese Weise lernen sie, gute Verlierer und gute Gewinner zu werden. Dadurch dass Sie sich auf die Gefühle Ihres Kindes konzentrieren, wird es akzeptieren, dass es – auch wenn es schön ist, zu gewinnen – kein schlechterer Mensch ist, wenn es verliert.

Wie W. Timothy Gallwey uns in seinem Buch *The Inner Game of Tennis* erklärt: „Die Aufmerksamkeit im Tennis unterscheidet sich in keiner Weise von der Aufmerksamkeit bei der Ausführung jeder anderen Aufgabe ... und wenn ein Mensch lernt, Hindernisse in einer Wettbewerbssituation bereitwillig hinzunehmen, so stärkt das automatisch seine Fähigkeit, in allen Schwierigkeiten, auf die er im Laufe seines Lebens stößt, etwas Positives zu entdecken.“ Gallwey weist zudem darauf hin, dass das Gewinnen eines Spiels ein äußeres Phänomen ist; es hat keinen Einfluss darauf, wie wir in unserem Inneren sind, und es verändert uns auch nicht.

Sie können Ihr Kind auch in eine Beschäftigung einbeziehen, in der es mühelos Erfolg hat, damit es ein besseres Selbstwertgefühl entwickelt. Vielleicht möchte Ihre Tochter Ihnen helfen, Plätzchen zu backen. Auf diese Weise wird sie nicht nur eine neue Fertigkeit lernen, sondern es überdies genießen, ein paar schöne Stunden allein mit Ihnen zu verbringen.

Es kann eine Weile dauern, bis Kinder begreifen, dass die Liebe und Aufmerksamkeit, die sie erhalten, nicht davon abhängen, ob sie gewinnen oder verlieren. Eltern, die ihren Kindern helfen wollen, mehr Selbstvertrauen zu bekommen, werden dafür sorgen, dass sie ein gutes Selbstwertgefühl besitzen und Spaß im täglichen Leben haben. Das gibt ihnen die Freiheit, sich ganz einfach auf das Spielvergnügen konzentrieren zu können.

Und ist Verlieren lernen nicht ebenso wichtig wie Gewinnen lernen?

Muss Ihr Kind immer im Zentrum der Aufmerksamkeit stehen?

Möchte ihr Kind in eine bestimmte Basketballmannschaft aufgenommen werden? Will es unbedingt in dem Theaterstück mitwirken, das seine Klasse einstudiert? Hat es Lust, im Schulkonzert mitzuspielen? Dann sollten Sie sich freuen. Denn Kinder, die Sport, Theater, Musik oder andere Aktivitäten betreiben, profitieren in vielerlei Hinsicht davon. Solche organisierten Aktivitäten helfen ihnen:

- Team- und Zusammenarbeit zu lernen,
- neue Freunde unter denen zu finden, die dieselben Hobbys haben,

- mit Frustration fertig zu werden, wenn sie verlieren,
- zu lernen, fair zu spielen,
- Mitgefühl für andere zu entwickeln, wenn diese zum Beispiel einen Basketballkorb verfehlen oder auf der Eisfläche hinfallen,
- zu lernen, ihre Zeit einzuteilen, so dass sie ihre Hausaufgaben dennoch pünktlich erledigen.

Doch für manche Kinder wird es so wichtig, der oder die „Beste“ zu sein, dass es ihren Wunsch zu spielen oder Mitglied einer Mannschaft zu sein, überschattet. Oft liegt die Ursache dafür bei den Eltern, die zu viel Wert auf Erfolg legen. Wir alle kennen Geschichten von allzu engagierten Eltern, die, während ihr Sprössling spielt, an den Seitenlinien eines Spielfelds auf- und abgehen, mit den Trainern streiten und schließlich des Platzes verwiesen werden, weil sie die gezählten Bälle und Treffer stets anfechten. Aber manchmal kommt der Druck, unbedingt etwas erreichen zu wollen, auch von den Kindern selbst.

Wie können Sie wissen, ob Ihr Kind zu sehr am Gewinnen interessiert ist oder um jeden Preis der Star sein möchte? Hier sind einige Anzeichen:

- Ihr Kind ist sofort frustriert und schmollt, wenn die Dinge nicht so laufen, wie es will.
- Wegen des ewigen Drangs, sich hervortun zu wollen, oder wegen des harten Wettbewerbs kommt es gestresst nach Hause.
- Sein Leben wirkt zunehmend unausgeglichen; es hat weniger Zeit für seine besten Freunde und verliert das Interesse an der Schule.
- Das Kind behauptet, es wolle diesen Sport (bzw. jene Aktivität) nicht länger betreiben.

- Es fühlt sich als Versager, weil es in einem Theaterstück nicht die Hauptrolle bekommen oder im Spiel nicht die höchste Punktezahl erreicht hat.

Legt Ihr Kind eine dieser Verhaltensweisen an den Tag, dann sollten Sie ihm helfen, seine Lage aus einer anderen Perspektive zu sehen. Hat es beispielsweise nicht die ersehnte Hauptrolle in dem Theaterstück erhalten, in dem es mitwirkt, könnten Sie versucht sein, zum Beispiel zu sagen: „In zehn Jahren wirst du's vergessen haben." Das kann stimmen – oder auch nicht. Eine solche Antwort ist problematisch, denn wenn Sie darüber reden, wie Ihr Kind sich vielleicht in zehn Jahren fühlen wird, sprechen Sie nicht an, wie es sich jetzt, im gegenwärtigen Augenblick, fühlt.

Sie können ihm versichern, dass Sie es lieben – egal, wie viele Tore es erzielt oder welche Rollen es spielt; und dass es nicht der Star oder der/die Beste zu sein hat. Das ist sehr wichtig, weil es sich vermutlich nach der entbehrten Aufmerksamkeit sehnt. Möglicherweise hat es auch den Eindruck, sein Bruder oder seine Schwester bekämen mehr Aufmerksamkeit oder Lob, weil er oder sie bessere Leistungen in einer anderen Aktivität erzielt. Vielleicht ist das Kind auch neidisch auf eine Klassenkameradin, die das Solostück im Schulkonzert spielen darf.

Aber das ist nur der erste Schritt.

Als Nächstes können Sie Ihrem Kind helfen, mehr Spaß bei seiner Freizeitbeschäftigung zu erleben. Als der neunjährige Tim in seiner Handballmannschaft keine Schlüsselposition bekam, weil sein Trainer fand, er sei zu klein, war ihm das Handballspiel gründlich verleidet. Sein Vater erklärte ihm, es sei nicht seine Schuld, dass Tim keine solche Position erhalten habe, und fragte ihn dann: „Gibt es etwas anderes, worin du noch gut bist und was dir auch Spaß machen könnte?"

Nach diesem Gespräch entdeckte Tim, dass er gut im Fußball war. Außerdem stellte er fest, dass ihm dieses Spiel wirklich gefiel; er liebte es, auf dem Feld auf- und abzurennen und den Ball zu kicken. Und weil er sich auf dem Feld wohl fühlte, schloss er mühelos neue Freundschaften. Bald erkannte er, dass es wichtiger war, zusammen mit seinen Freunden Spaß zu haben, als der Star zu sein.

Was immer Ihr Kind tut – helfen Sie ihm in dem Bemühen, sein Bestes zu geben. Doch ebenso sollten Sie Ihr Kind anregen, darüber nachzudenken, was an einer Aktivität wirklich lohnend ist und was nicht.

Dem Quengeln ein Ende setzen

Was ist nervtötender, als ein Kind quengeln zu hören? Ungefähr zu der Zeit, in der Kinder sprechen können, lernen sie, dass sie quengeln können, wenn sie nicht bekommen, was sie wollen oder wenn sie es nicht schnell genug bekommen oder wenn die Dinge nicht so laufen, wie sie es gerne hätten. Hat sich diese Gewohnheit einmal eingenistet, ist es schwer, sie wieder loszuwerden.

Für viele Eltern ist Quengeln schwer zu ertragen. Es ist eine irritierende Mischung aus einem bestimmten Tonfall, einem gewissen Gesichtsausdruck und einer Körperhaltung, die Eltern schier in den Wahnsinn treibt.

Jede Mutter und jeder Vater ist dann bemüht, alles zu tun, damit das Gejammere aufhört. Sie können versuchen, Ihr quengelndes Kind zu ignorieren, ihm sagen, es solle damit aufhören, es bitten, ruhig zu sein, oder einfach nachgeben. Das Problem ist, dass keine dieser Reaktionen das

Kind dazu bringen wird, seine Gewohnheit abzulegen. Ganz im Gegenteil: Geben Sie nach, so lassen Sie das Kind – wenn auch unbeabsichtigt – wissen, dass es immer dann, wenn es quengelt, erhält, was es will.

Ehe Sie auf dieses lästige Verhalten reagieren, sollten Sie einmal überlegen, *warum* Ihr Kind quengelt. Manche Kinder, die quengeln, wollen ihren Eltern gar nicht auf die Nerven gehen. Sie wissen einfach nicht, wie sie sich sonst verhalten sollen, wenn sie frustriert sind. Andere wissen sehr wohl, dass die Quengelei lästig ist, und nutzen genau dies aus.

Aber ganz gleich, welche Motivation die Kinder haben, sie verstehen die Wirkung ihres Verhaltens auf andere Menschen nicht voll und ganz. Deshalb muss man sie ihnen begreiflich machen, und zwar auf mitfühlende Weise. Sie können dafür die Problemlösungsmethode anwenden; das wird Ihr Kind dazu anregen, aus einer neuen Perspektive darüber nachzudenken, was es da eigentlich tut.

Fragen Sie Ihr Kind zuerst: „Wie fühlst du dich, wenn deine Schwester oder dein Bruder unbedingt etwas von dir haben möchte und deshalb quengelt?" Gut möglich, dass diese Frage Ihr Kind überrascht. Vielleicht hat es noch nie darüber nachgedacht, dass ein bestimmter Tonfall seiner Stimme eine gewisse Wirkung auf andere haben kann. Vielleicht macht es sich zum ersten Mal Gedanken darüber, wie es selbst dieses Quengeln wahrnehmen würde. Vermutlich wird das Kind Ihnen daraufhin sagen, dass es das überhaupt nicht mag.

Nun sollten Sie die Frage stellen: „Wie, glaubst du, fühle ich mich, wenn du so viel nörgelst und quengelst?"

Jetzt ist das Kind wohl imstande zu erkennen: Wenn ihm selbst das Quengeln so sehr missfällt, wird es Ihnen wahrscheinlich ebenso ergehen.

Dann fragen Sie: „Wie fühlst du dich wirklich, wenn du quengelst?"

Auch diese Frage hilft dem Kind, etwas zur Kenntnis zu nehmen, worüber es nie zuvor nachgedacht hat – die Tatsache nämlich, dass es quengelt, weil es eine bestimmte Emotion in seinem Inneren hat. Sobald es in der Lage ist, seine Gefühle zu erkennen, wird es ihnen weniger ausgeliefert sein und besser die Verantwortung dafür übernehmen können.

Als Nächstes fragen Sie: „Kannst du dir eine *andere* Art vorstellen, mich wissen zu lassen, wie du dich gerade eben fühlst?"

Das hilft dem Kind zu erkennen, dass es Wahlmöglichkeiten hat – dass es entscheiden kann, wie es seine Gefühle ausdrückt. Im Alter von acht oder neun Jahren sind viele Kinder durchaus in der Lage, Lösungen zu finden wie die folgende: „Auch wenn mir nach Quengeln zumute ist, kann ich mich trotzdem zuerst einmal beruhigen und dann mit einer ruhigen Stimme um das bitten, was ich haben möchte."

Und nun fragen Sie: „Wie, glaubst du, fühle ich mich, wenn du das tust?" An diesem Punkt wird Ihr Kind imstande sein, zu erkennen, dass Sie zu schätzen wissen, wenn es in ruhigem Tonfall spricht.

Schließlich sollten Sie fragen: „Was für ein Gefühl wird das wohl für dich selbst sein?" Diese Frage hilft Ihrem Kind zu begreifen, dass es eine bessere Kontrolle hat, wenn es imstande ist, seine Emotionen zu beherrschen.

Doch eines muss klargestellt werden: Kinder sollten nicht denken, nur weil sie nicht quengeln, würden sie automatisch erhalten, was sie wollen. Wenn sie etwas wollen, das sie aus irgendeinem Grund absolut nicht bekommen können, ist durchaus möglich, dass sie erneut auf das Quengeln „zurückgreifen". Es ist wichtig, dass Kinder das Problemelösen lernen, um die Dinge zu erhalten, die sie haben können; und sie sollten lernen, mit der Frustration fertig zu werden, die entsteht, wenn sie etwas, was sie gerne wollen, nicht bekommen.

So wollte der vierjährige Rafael beispielsweise einen neuen Lastwagen. „Ich möchte dir jetzt keinen neuen Lastwagen kaufen", erklärte ihm seine Mutter, „weil du von deinem alten Lastwagen ständig die Räder abgerissen hast." Aber Rafael quengelte weiter: „Bitte, Mami, ich brauche wirklich unbedingt einen neuen Lastwagen. Diesmal mache ich ihn bestimmt nicht kaputt." Zuerst ließ die Mutter sich nicht umstimmen. Aber als sie sah, wie frustriert er war, erkannte sie, dass sie es mit einer neuen Strategie versuchen musste.

„Was kannst du tun, damit ich weiß, dass du nicht wieder die Räder abreißen wirst?", fragte sie ihn.

Rafael dachte einen Augenblick nach, dann sagte er ganz ruhig: „Kauf mir einen kleinen Wagen, und ich zeig dir, dass ich's nicht mehr tue."

Die Mutter war einverstanden. Sie kaufte ihrem Sohn einen preiswerten, kleinen Lastwagen und beobachtete, wie er damit umging. Als sie sah, dass er Wort hielt, bekam sie wieder Vertrauen in ihn – und kaufte ihm den Lastwagen, den er sich wünschte.

Ein paar Jahre später wollte Rafael einen Computer für sein Zimmer. Als seine Eltern sich weigerten, ihm einen zu kaufen, griff er aufs Quengeln zurück. Aber bald erkannte er, dass dies eine andere Situation war als damals mit dem Lastwagen: Seine Eltern konnten es sich nicht leisten, ihm einen eigenen Computer zu kaufen. Anstatt sie weiterhin zu bedrängen, überlegte er, was zu tun wäre, damit alle den einen Computer benutzen konnten, den die Familie bereits besaß.

Es ist hilfreich, im Hinterkopf zu behalten, dass das Quengeln an sich gewöhnlich nicht das Problem ist; es ist oft nur die Folge des Problems.

So kommen Kinder besser mit Frustrationen zurecht

Der vierjährige Robert fragt Mac, ob er jetzt mit dem Lastwagen spielen darf, denn Mac spielt gerade damit. Mac sagt nein. Daraufhin schlägt Robert ihn. Er kennt kein anderes Mittel, um das zu bekommen, was er haben will.

Die sechsjährige Sarah fragt Abbie, ob sie einmal deren Puppe im Arm halten darf. Abbie sagt nein. Sarah gibt auf und geht weg. Auch sie hat keine andere Idee, wie sie sich ihren Wunsch erfüllen könnte.

Der achtjährige Donnie kann sein Puzzle nicht fertig stellen, das er zuvor zerlegt hat, und beginnt, die einzelnen Stücke durchs Zimmer zu werfen.

Wie wird Ihr Kind mit Frustrationen fertig? Schmollt es? Geht es weg? Schlägt es gleich zu? Gibt es zu schnell auf? Oder fängt es sich wieder und findet einen anderen, wirksameren Weg, um mit seiner Frustration fertig zu werden?

Als der vierjährige Zachary seinen Freund Seth fragte, ob er sich einmal seinen Güterwagen ausleihen dürfte, lehnte Seth ab, mit der Begründung, er brauche den Wagen selbst, um einige Steine wegzutransportieren. Daraufhin versicherte Zachary ihm: „Ich geb ihn dir ganz bestimmt zurück." Als Seth sich dennoch weigerte, rastete Zachary nicht aus und gab auch nicht auf. Obwohl er vielleicht zuerst versucht war, auf Seth einzuschlagen oder sich den Wagen einfach zu nehmen, tat er es nicht – weil er daran dachte, was dann passieren könnte. Es war ihm klar, dass Seth sich den Wagen möglicherweise zurückholen würde, dass sie miteinander ringen und er damit einen Freund verlieren würde. Und überdies würde er die Chance verlieren, mit dem Wagen zu spielen.

Da er ein guter Problemlöser war, machte er einen erneuten Versuch. Bemüht, einen Weg zu finden, der ihn selbst und auch Seth zufrieden stellen würde, sagte er: „Ich helf dir mit den Steinen!"

Auf diese Weise konnte Seth weiter mit dem Wagen spielen – und Zachary nun ebenfalls. Diesmal war Seth einverstanden, und die beiden spielten friedlich zusammen. Zacharys Fähigkeit, sich eine alternative Möglichkeit auszudenken, um sein Problem zu lösen, führte zum Erfolg statt zu Wut oder Frustration.

Hätte die Erzieherin der beiden Jungen Zacharys Denkweise behindert und stattdessen gefordert, Seth müsse nun Zachary den Wagen überlassen, da der nun damit an der Reihe sei, oder hätte sie vorgeschlagen, die Jungen sollten doch gemeinsam spielen oder sich abwechseln, oder, hätte sie, wie manche Erzieherinnen und Eltern es tun, den Wagen an sich genommen, sodass keiner der beiden Jungen damit spielen konnte, so hätte Zachary niemals die Chance erhalten, sich an die Situation anzupassen, wie er es dann tat.

Auch wenn es Zachary durch seine eigene Geschicklichkeit gelang, mit dem Wagen zu spielen, so will ich damit nicht sagen, dass ich glaube, Kinder sollten am Ende immer bekommen, was sie zum gegebenen Augenblick wollen. Mandy, vier Jahre alt, wollte ein paar Minuten, bevor ihre Mutter den Tisch fürs Mittagessen decken musste, mit Fingerfarben malen. Ihre Mutter erklärte ihr, warum sie jetzt nicht malen könne, und fragte sie dann: „Fällt dir etwas *anderes* ein, was du tun könntest, während du aufs Mittagessen wartest?"

Mandy dachte einen Augenblick nach (an sich schon ein wichtiger Schritt) und rief dann fröhlich: „Ich schau mir mein Bilderbuch an.“ Hätte ihre Mutter ihr nur gesagt, sie müsse den Tisch fürs Mittagessen decken, und dann vorgeschlagen, Mandy solle doch stattdessen „ihr Bilderbuch anschauen“, hätte Mandy vielleicht gequengelt: „Aber ich will mit Fingerfarben malen.“ Doch wie Zachary passte sie sich der Situation an. Sie lernte, auf das zu warten, was sie wollte.

Mit ihrem Buch *Raising Resilient Children* helfen uns die Autoren Robert Brooks und Sam Goldstein zu verstehen, warum manche Kinder belastbarer sind als andere – das heißt, warum sie imstande sind, Hindernisse zu überwinden. Den Autoren zufolge kann man Kindern dadurch helfen, nicht gleich aufzugeben, dass man ihnen den Standpunkt des anderen nahe bringt. Anders ausgedrückt: Wenn wir wollen, dass unsere Kinder unseren Standpunkt verstehen, müssen wir ihnen zuerst zeigen, dass wir ihren verstehen. Schreien wir beispielsweise unsere Kinder an, wenn sie Schwierigkeiten mit ihren Hausaufgaben haben, und verlangen wir von ihnen: „Streng dich mehr an“ oder „Befasse dich gefälligst ernsthafter damit“, so werden wir dabei von unserer eigenen Frustration angetrieben. Wir verschwenden keinen Gedanken daran, wie unsere Kinder diese Worte aufnehmen. Da überrascht es nicht weiter, dass die meisten Kinder solche Kommentare nicht als hilfreich empfinden. Sie hören lediglich Verurteilung und Anklage heraus und blenden beides rasch aus – kann man es ihnen verdenken?

> Wenn wir wollen, dass unsere Kinder unseren Standpunkt verstehen, müssen wir ihnen zuerst zeigen, dass wir ihren verstehen.

Die Eltern von James machten sich zunehmend Sorgen, weil ihr Sohn nicht imstande zu sein schien, zügig und ohne längere Unterbrechung seine Hausaufgaben zu erledigen. Deshalb versetzten sie sich selbst in seine Lage und überlegten, welche Worte der Ermunterung ihm vielleicht gut täten. Sie erklärten ihm zunächst einmal, es sei ihnen durchaus klar, dass seine Hausaufgaben schwierig seien, und dass es ihnen Leid täte, dass er so viel Mühe damit hatte. Als James sah, dass seine Eltern ihn nicht herabsetzten, war er bereit, zu überlegen, wie er das Problem lösen könnte. Voller Begeisterung entwarf er einen eigenen Plan: Gleich nachdem er von der Schule nach Hause käme, dann nämlich, wenn er die meiste Energie hätte, wollte er künftig die schwierigsten Aufgaben erledigen. Da der Plan von ihm selbst stammte, brauchte man ihn nicht zu ermahnen, er solle sich mehr anstrengen oder sich ernsthafter mit den Aufgaben befassen.

Zeigen wir unseren Kindern, dass wir uns um sie kümmern, so wird sie das animieren, sich um ihre eigenen Angelegenheiten zu kümmern. Und wenn wir ihnen helfen, sich mehr als eine Art und Weise auszudenken, wie ein Problem zu lösen wäre, so werden sie sich aus eigenem Antrieb mehr anstrengen und weniger geneigt sein, aufzugeben.

„Meine Kinder wollen immer genau das, was sie nicht haben können"

Wir alle wollen Dinge, die wir nicht haben. Manche von uns wären gerne schlanker; manche hätten gerne mehr Haare. Fast jeder möchte mehr Geld. Wenn wir an Neujahr unsere guten Vorsätze für das kommende Jahr fassen, dann denken wir darüber nach, wer wir sind und wer wir werden wollen.

Auch Kinder haben viele Wünsche. Manche wollen besser in der Schule werden oder sich im Sport auszeichnen oder besser mit einem Geschwister auskommen. Sie wären gerne größer oder schneller oder beliebter. Nicht nur wir fühlen uns frustriert, wenn wir die Dinge, die wir haben möchten, nicht erreichen können. Kinder sind in diesem Fall sogar noch mehr entmutigt. Versichert man ihnen, dass einige dieser Wünsche sich irgendwann einmal erfüllen werden, so hilft ihnen das oft nicht, denn die Zukunft scheint ihnen so weit entfernt zu sein.

Hier ist ein anderer Weg, darüber nachzudenken, was wir im Leben eigentlich wollen; er wurde angeregt durch ein Buch von Evelyn McFarlane und James Saywell, das den Titel *Das Buch vom Wenn: überraschende Aussichten* trägt. Obwohl es in erster Linie ein Buch für Erwachsene ist, können die Fragen, die es enthält, jeden Menschen animieren, über seine Idealvorstellung von einem perfekten Zuhause, einem perfekten Leben und einer perfekten Welt nachzudenken. Auch Kinder können sich diese Dinge vorstellen.

Vier Jungen: den zwölfjährigen Zwillingen Allen und Manny und dem elfjährigen Zwillingspaar Lance und Bert stellte ich einige – auf ihr Alter abgestimmte – Fragen. Hier sind ein paar ihrer Antworten.

Auf die Frage „*Wenn* ihr einen Wunsch frei hättet, welcher wäre das?“, sagten beide Zwillingspaare – ohne dass der jeweils andere es hören konnte: „Ewig leben.“

Lance erhoffte sich, dass „alle Menschen auf der Welt glücklich sein und ein schönes Leben führen“ könnten. Bert wünschte sich Frieden.

Daraufhin fragte ich: „*Wenn* ihr für eine Tätigkeit berühmt werden könntet, die ihr zur Zeit nicht ausübt, welche würdet ihr wählen?"

Allen träumte davon, beim Film zu sein. Manny gab an, er würde gern Basketballspieler werden. Lance und Bert sehnten sich danach, berühmte Baseballspieler zu sein. Als ich fragte, was sie tun würden, *wenn* sie unsichtbar werden könnten, sagte Lance, er würde „sich in ein Baseballspiel schleichen, aufs Spielfeld und zur überdachten Spielerbank gehen und zuhören, was die Spieler sagen". In Übereinstimmung mit seinem Wunsch nach Frieden erklärte Bert, er würde „ins Parlament gehen, während sie dort eine Sitzung abhalten, und mir anhören, was sie über den Krieg sagen".

Als Nächstes stellte ich eine Frage, die auf die reale Welt bezogen war: „*Wenn* ihr eine bestimmte Verhaltensweise an euch ändern könntet, welche würdet ihr wählen?" Allen gab an, er würde aufhören, seine Schularbeiten immer so lange hinauszuzögern wie jetzt. Manny, Bert und Lance erkannten alle drei, es sei notwendig, nicht die Beherrschung zu verlieren, wenn jemand sie in Wut brachte. Dann fragte ich jeden Jungen, was er tun könnte, um das jeweilige Verhalten zu ändern. Allen erwiderte: „Das ist schwer, weil ich so wahnsinnig gerne auf meinem Computer spiele, und ehe ich mich versehe, ist es Zeit, ins Bett zu gehen." Dann hielt er inne, lächelte und sagte leise: „Ich glaube, ich sollte meine Hausaufgaben eben zuerst erledigen."

Allen und Manny gaben an, ihre Schwester gehe ihnen „ständig auf die Nerven" – „zum Beispiel ausgerechnet dann, wenn meine Freunde gerade da sind", sagte Allen; „wenn ich mit meinen Videospielen beschäftigt bin", erklärte Manny. Allen war der Meinung, auch wenn er die Tür seines Zimmers zumachte, würde dies seine Schwester mitnichten davon abhalten, hereinzukommen, und Manny zog in Erwägung, seine Spiele künftig immer nur dann zu spielen, wenn seine Schwester nicht zu Hause war. Lance, der behauptete, „auszurasten", wenn seine Mutter ihn nach dem Abendessen nicht mehr fernsehen ließ, räumte nach einiger Überlegung ein: „Vielleicht sollte ich doch zuerst meine Hausaufgaben erledigen."

Als ich die Jungen fragte, was sie gerne noch an sich ändern würden, *wenn* sie könnten, gaben sie interessanterweise übereinstimmend zur Antwort, sie wären gerne größer. Warum? Allen erklärte, er könne dann „größere Sprünge im Sport machen". Manny sagte, er könne in diesem Fall „höher gelegene Dinge erreichen", und Lance meinte, er würde „nicht so von den anderen Kindern abstechen".

Dann stellte ich den Jungen eine weitere wichtige Frage, die dieses Mal von mir – und nicht aus dem Buch – stammte: „Was ist gut daran, wenn man klein ist?"

Allen schwieg einen Augenblick lang und sagte dann: „Man ist dann etwas Besonderes."

Manny dachte nach und erwiderte: „Ich bin beweglicher. Und ich komme leichter durch schmale Spalte. Außerdem bin ich dadurch gut im Squash. Ich kann mich tiefer zum Boden hinabbeugen."

Lance lächelte und flüsterte: „Und ich passe leichter in enge Räume."

Wenn wir aus etwas Negativem etwas Positives machen, wie Lance es tat, so kann uns das davon abhalten, darüber nachzugrübeln, was wir nicht haben können, oder mit dem, was wir haben, unzufrieden zu sein. Joshua, der acht Jahre alt ist und gerne größer wäre, erzählte mir, er schaue ständig seine Freunde an, die größer seien, und wünsche sich, er könne so sein wie sie. Es fiel ihm wirklich nicht leicht, zu entdecken, was gut daran war, klein zu sein, aber ich forderte ihn auf, darüber nachzudenken, und schließlich sagte er: „Wenn ich beim Handballspielen bedrängt werde und ein anderer mir meinen Ball nicht zurückgeben will, kann ich unter seinen Beinen hindurchkriechen und ihn mir holen." Dann fügte er hinzu: „Beim Fußballspielen sind alle anderen Kinder größer als ich. Aber sie können mich nicht angreifen, weil sie über mich hinwegsehen und mich gar nicht bemerken." Er lachte über das, was er da eben gesagt hatte, und gestand dann: „Das war bloß ein Witz." Doch mir kam der Gedanke, dass Joshua vielleicht zum ersten Mal in seinem Leben einen Scherz darüber gemacht hatte, dass er zu klein war.

Wenn Kinder das „Wenn"-Spiel spielen, macht es ihnen nicht nur Spaß, dabei ihre Fantasie spielen zu lassen, sondern sie nehmen am Ende auch die Dinge besser hin, die sie nicht ändern können. Darüber hinaus ermöglicht ihnen dieses Spiel, zu erkennen, was sie ändern können, und den Entschluss zu fassen, diese Änderungen auch vorzunehmen. Manche Wünsche werden Wirklichkeit, *wenn* wir hart arbeiten, um sie zu verwirklichen.

Drittes Kapitel
Stress und Ängste

Eintritt in Schule und Kindergarten

Ihr Kind geht zum ersten Mal zur Schule. Oder, falls Sie umgezogen sind, geht es vielleicht zum ersten Mal in eine neue Schule. Oder es hat von der Grundschule in die höhere Schule gewechselt. Gleich vorab sei gesagt: Zum Glück passen sich die meisten Kinder ziemlich schnell an die neue Situation an und sind durchaus imstande, den Übergang zu bewältigen. Anderen fällt es schwerer, mit der Veränderung fertig zu werden. Wenn Ihr Kind zum Beispiel seine alte Schule besonders gern mochte oder ihm der tägliche Ablauf zu Hause sehr zusagte, dann geht der Übergang vielleicht langsamer oder mühevoller vonstatten, als Sie erwartet hatten.

Es ist wichtig, nicht zu vergessen, dass es nicht *den* einzig richtigen Zeitpunkt für Übergänge gibt. Wie gut wir uns an Veränderungen anpassen, ist eine Sache des Naturells. Erinnern Sie sich auch daran, dass ein Kind nicht dieselbe Perspektive hat wie ein Erwachsener. Wenn es zum ersten Mal in die Schule oder den Kindergarten geht oder diese(n) wechselt, so ändert sich dadurch seine ganze Welt.

Aber es ist immens wichtig, einem Kind in einer neuen Institution zu einem guten Start zu verhelfen. Lynn Huffman und ihre Kollegen schreiben in einem neuen, von einer Stiftung für die seelische Gesundheit von Kindern veröffentlichten Bericht, dass Kinder, die in einer unglücklichen, ängstlichen oder wütenden Verfassung in einen Kindergarten eintreten, zu besorgt sind, um gute Beziehungen zu den Erzieherinnen und Spielkameraden zu entwickeln. Dadurch sind sie unfähig, von gewissen Lernerfahrungen optimal zu profitieren.

Hier sind ein paar Tipps, wie Sie den Übergangsstress auf ein Minimum reduzieren können:

- Besuchen Sie die Schule/den Kindergarten nach Möglichkeit vor dem Eintrittstag zusammen mit Ihrem Kind, und treffen Sie sich mit einigen LehrerInnen oder ErzieherInnen.
- Erzählen Sie Ihrem Kind, wie es war, als Sie selbst einmal umzogen oder in eine neue Schule gingen. Kinder hören gerne von Ereignissen, die sich zutrugen, als wir in ihrem Alter waren.
- Gehen Sie mit Ihrem Kind in ein Fachgeschäft und lassen Sie es Zubehör aussuchen, wie Hefte oder eine Dose fürs Schulbrot. Ermuntern Sie es außerdem, etwas ganz Spezielles auszuwählen – vielleicht einen ausgefallenen bunten Bleistiftkasten. Auf diese Weise eignet es sich die Unterrichtsmaterialien richtig an.
- Richten Sie es möglichst so ein, dass Sie es am ersten Schultag zur Schule oder zumindest zur Bushaltestelle bringen.
- Helfen Sie ihm beim Schließen neuer Freundschaften und auch dabei, mit alten Freunden in Kontakt zu bleiben.
- Da Sie die wichtigste Bezugsperson im Leben Ihres Kindes sind, sollten Sie ihm unbedingt zuhören, wenn es Ihnen seine Gedanken und Gefühle erzählt. Ermuntern Sie

das Kind, Fragen zu stellen, und stellen Sie Ihrerseits Fragen. Beginnen Sie stets mit dem Positiven.

Ein Vater, den ich kenne, nahm seine fünfjährige Tochter Jodi in einen Laden mit, um Zubehör für den Kindergarten zu kaufen. Auf dem Weg dorthin stellte er ihr ein paar Fragen:

Vater: Jodi, du wirst nun bald in den Kindergarten gehen. Was, glaubst du, wird dir dort besonders gefallen?
Jodi: Die Spielsachen.
Vater: Und was wird dir sonst noch gefallen?
Jodi: Meine Erzieherin.
Vater: Gute Überlegung. Du hast dir zwei Dinge vorgestellt, die dir im Kindergarten gefallen werden. Kannst du dir noch etwas vorstellen, was dir gefallen wird?
Jodi: Nö, ich weiß nichts mehr.
Vater: Ich wette, wenn du richtig nachdenkst, fällt dir noch was ein.
Jodi: Ja ... ich kann malen und mit den anderen Kindern auf dem Spielplatz spielen.

Übrigens ist es wichtig, alle Gefühle Ihres Kindes zur Kenntnis zu nehmen. Ganz gleich, wie freudig erregt es sein mag, weil es nun in einen neuen Kindergarten oder in eine neue Schule gehen wird, es kann trotzdem auch Angst haben. Oft haben wir gemischte Gefühle in Bezug auf gewisse Dinge – wir freuen uns auf etwas, aber es macht uns auch nervös. Wir meinen, das eine Gefühl müsse das andere kompensieren, doch in Wahrheit existieren beide nebeneinander.

Gemischte Gefühle gehören zum Leben dazu, doch es ist sehr schwer, darüber zu sprechen. Der folgende Gesprächsausschnitt zeigt, wie Sie einem Kind im Vorschulalter helfen können, angenehme und weniger angenehme Gefühle auszudrücken und mit ihnen zurechtzukommen:

Vater: Du hast dir Dinge vorgestellt, die dir in deinem neuen Kindergarten gefallen werden. Gibt es etwas, das dir möglicherweise nicht so sehr gefällt?
Jodi: Ich könnte keine Freunde finden.
Vater: Fällt dir etwas ein, was du tun könntest, um eine neue Freundin zu finden?
Jodi: Ich könnte meine neue Puppe mit ihr teilen.
Vater: Gute Überlegung. Du bist eine hervorragende Problemlöserin.

Wenn Sie Ihrem Kind helfen, angenehme wie unangenehme Gefühle anzunehmen, so helfen Sie ihm, mit schwierigen Gefühlen umzugehen. Wenn Sie im Voraus mit Ihrem Kind über die ganze Bandbreite seiner Gefühle sprechen, wird es besser gerüstet sein, seine neuen Erfahrungen zu bewältigen.

Prüfungsstress: Was können Sie tun?

Hat Ihr Kind Angst vor Klassenarbeiten? Manche Kinder fürchten sich bereits mit fünf oder sechs Jahren vor Prüfungssituationen. Wenn Sie merken, dass sich bei Ihrem Kind ein Muster ängstlichen Verhaltens herauszubilden beginnt, dann werden Sie Ihr Kind fragen, warum es sich so fürchtet. Doch wahrscheinlich bekommen Sie dann immer wieder nur die Antwort: „Ich weiß es nicht."

Bleiben Sie ruhig. Wenn seine Angst Sie beunruhigt, wird Ihr Kind es spüren. Aber Sie sollten seine Befürchtungen auch nicht abtun, indem Sie beispielsweise sagen: „Du wirst es schon schaffen." Denn dadurch hätte Ihr Kind den Eindruck, dass Ihnen seine Gefühle nicht wirklich wichtig sind. Auch sollten Sie keine Enttäuschung zeigen, wenn Ihr Kind eine schlechte Note geschrieben hat. Statt ihm zu sagen, welche Gefühle die Note in Ihnen auslöst, sollten Sie Ihr Kind ausdrücken lassen, was es fühlt.

Als Nächstes müssen Sie feststellen, warum es Angst hat und wo das Problem genau liegt. Angst vor Klassenarbeiten kann mehrere Gründe haben, und häufig werden Sie die Ursache des Problems entdecken, wenn Sie die Klassenarbeit hinterher gemeinsam mit Ihrem Kind durchgehen.

Manche Kinder wissen in Klassenarbeiten nicht weiter und entwickeln daher allmählich Angst davor. Ist dies bei Ihrem Kind der Fall, so können Sie versuchen, einige spezielle Prüfungsstrategien mit ihm zu erarbeiten. So sollte man sich alle Prüfungsaufgaben genau durchlesen, ehe man zu schreiben beginnt, sollte in einem Multiple-Choice-Test diejenigen Punkte ausklammern, von denen man weiß, dass sie falsch sind, immer zuerst die leichten Fragen beantworten und außerdem auf eine gute Zeiteinteilung achten.

Es ist durchaus denkbar, dass Ihr Kind die Antworten wusste und sie dennoch in der Prüfung nicht aufschrieb, weswegen es jetzt ganz mutlos ist. Versuchen Sie festzustellen, ob das Kind die Fragen zu schnell gelesen oder überhaupt nicht verstanden hat, was verlangt wurde. Viele Kinder lesen die Anweisungen und Fragen nicht genau durch, oft aus Gedankenlosigkeit. Trifft dies auf Ihr Kind zu, dann sollten Sie dafür sorgen, dass es sich darin übt, langsamer und sorgfältiger zu lesen.

Manche Kinder fürchten sich selbst dann vor Prüfungen, wenn sie eigentlich keinen Grund dazu haben. Vielleicht hat Ihr Kind nur Angst, Fehler zu machen. Ist dies so, dann erklären Sie ihm, dass jeder Mensch Fehler macht. Vielleicht fürchtet Ihr Kind aber auch, Sie zu enttäuschen, oder es hat den Eindruck, dass Sie sehr viel Wert auf Leistung legen oder dass es nur dann gelobt wird, wenn es gute Noten nach Hause bringt. Eine mir bekannte Mutter kritisierte ihre Tochter, weil diese eine Eins minus in ihrer Mathematikarbeit geschrieben hatte. Anstatt sich über das gute Ergebnis zu freuen, fragte sie das Kind, warum es keine glatte Eins bekommen habe.

Aber vielleicht liegt das Problem tiefer. Ihr Kind könnte auch deshalb etwas zerstreut sein, weil es zu viele Termine wahrnimmt und zu viel um die Ohren hat. Viele Kinder versuchen heutzutage, eine ganze Menge Dinge miteinander zu vereinen – Musikunterricht, Tanzstunden, Fußballtraining, Pfadfindertreffen –, und müssen zudem noch ihre Hausaufgaben pünktlich erledigen. Wie viel kann Ihr Kind verkraften? Und wie viel *Sie selbst*?

Die alten Griechen vertraten die Auffassung, man solle „alles in Maßen" tun. Das gilt auch für Kinder. Mit der Hilfe eines Erwachsenen können Kinder schon mit sieben Jahren ihren eigenen Tagesablauf planen. So können Sie dabei helfen:

- Erstellen Sie eine Liste von allen Aktivitäten, die Ihr Kind betreibt – und fügen Sie die hinzu, an denen es außerdem Interesse zeigt.
- Bitten Sie Ihr Kind, die Beschäftigungen auszustreichen, denen es nicht mehr nachgehen will oder kann.
- Bitten Sie das Kind, diejenigen von den übrigen Aktivitäten, an denen ihm sehr viel liegt, mit einem Stern zu kennzeichnen.
- Überlassen Sie es Ihrem Kind, seine Zeit selbst zu planen. Sorgen Sie dafür, dass zudem Zeit für Hausaufgaben und für das Spiel mit Gleichaltrigen bleibt.

- Fragen Sie das Kind, ob es meint, es habe für alle Aktivitäten genügend Zeit eingeplant.

Auf diese Weise werden die meisten Kinder begreifen, dass es notwendig ist, Entscheidungen im Leben zu treffen – beispielsweise sich klar zu machen, für welche Aktivitäten man am meisten Interesse hat. Wenn Ihre Tochter meint, es genüge ihr, einmal in der Woche eine Stunde lang jeweils immer einer anderen Aktivität nachzugehen, dann lassen Sie ihr ihren Willen. Wenn Ihr Sohn seine Zeit lieber damit verbringt, seine Talente in einem einzigen Bereich auszuleben, dann ist auch das in Ordnung. Wichtig ist, dass die Kinder die Entscheidungen selbst getroffen haben; sie werden dadurch lernen, ihre Zeit für die Dinge einzuteilen, die sie tun müssen, und haben dann immer noch Zeit für das, was sie gerne tun wollen. Sie werden viel eher an ihrem *eigenen* Plan festhalten – und ihn, wenn nötig, ändern, um ihren Bedürfnissen besser gerecht zu werden – als an einem Plan, den ihre Eltern aufgestellt haben.

Ausgewogenheit, Maßhalten und ein selbst ausgedachter Plan helfen Kindern, ein stärkeres Gefühl der Kontrolle über ihr Leben zu bekommen, besser für ihre Klassenarbeiten gerüstet und weniger gestresst zu sein. Und wenn die Kinder weniger unter Stress leiden, werden auch *Sie* weniger darunter zu leiden haben.

Kinder können lernen, ihre Zeit für die Dinge einzuteilen, die sie tun müssen, und haben dann immer noch Zeit für das, was sie gerne tun wollen.

Einer meiner Kollegen hat einmal gesagt: „Wir müssen unsere Kinder für die Prüfungen des Lebens vorbereiten, nicht für ein Leben der Prüfungen." Und wenn wir das tun, werden sie vermutlich weniger Angst vor den Prüfungen haben, die sie absolvieren müssen.

Weniger Stress bedeutet mehr Freiraum fürs Lernen

Toni, elf Jahre alt, war während ihrer gesamten Grundschulzeit eine gute Schülerin. Aber als sie in die sechste Klasse der höheren Schule kam, begannen ihre Noten schlechter zu werden – insbesondere in Mathematik, was merkwürdig war, weil sie darin bis dato immer am besten und Mathematik ihr Lieblingsfach gewesen war. Außerdem fing sie ganz untypischerweise an, über abendliche Einschlafstörungen sowie über diffuse Bauch- und Kopfschmerzen zu klagen. Sie begann, an den Fingernägeln zu kauen – was sie noch nie zuvor getan hatte. Toni litt unter Stress.

Inwiefern hat emotionaler Stress einen Einfluss darauf, wie Kinder lernen? Gene Carter, geschäftsführender Direktor einer landesweiten Bildungsorganisation, glaubt, dass viele Kinder aus seelischen Gründen Probleme in der Schule haben. Seiner Meinung nach können Schüler nicht ihre volle Aufmerksamkeit aufs Lernen richten, wenn sie sich gestresst oder machtlos fühlen. Meine eigenen Forschungen bestätigen das: Jugendliche, die fähig sind, in ihrem Leben kluge Entscheidungen zu treffen, kommen meist auch mit anderen Menschen gut zurecht. Sie sind weniger ängstlich und können sich besser aufs Lernen konzentrieren.

Kinder, die nicht imstande sind, ihre täglichen sozialen Probleme mit Klassenkameraden, Geschwistern, Lehrern oder Eltern zu lösen, können frustriert und wütend reagieren. Und wenn Kinder einen Misserfolg nach dem anderen erleben, werden sie unter Umständen aggressiv – oder auch genau das Gegenteil: Sie geben zu schnell auf, ja, sie ziehen sich sogar von Menschen und Problemen, die ihnen unlösbar vorkommen, zurück. Dagegen sind Kinder, die in der Schule ohne große Probleme mit anderen kommunizieren können, besser in der Lage, ihre volle Aufmerksamkeit auf den Prozess des Lernens zu richten. Sie können zuhören, aufpassen und legen bei schwierigen Aufgaben Ausdauer an den Tag.

Sie können Ihr Kind dazu bringen, über seine Gedanken und Gefühle zu sprechen, indem Sie Fragen stellen, wie etwa:

> „Was hat dich heute in der Schule froh gemacht?“
> „Ist etwas passiert, was dich traurig macht?“
> Und wenn ja:
> „Hast du daraufhin etwas getan oder gesagt, damit du dich besser fühltest?“

Jede seelische Belastung, die Kinder davon abhält, sich auf ihre Schularbeiten zu konzentrieren, kann Angst vor der Schule in ihnen auslösen. Doch Kinder können lernen, emotionale Probleme, die sie blockieren, zu lösen. In meinem Gespräch mit Toni fragte ich sie, was in der Schule geschehen sei, das sie traurig gemacht habe. Sie erzählte mir, die anderen Kinder würden sie hänseln, weil sie angeblich zu dünn sei und ein hässliches Muttermal im Gesicht habe. Einer ihrer schlimmsten Peiniger saß in der Mathematikklasse. „Ich kann mich nicht auf meine Arbeit konzentrieren, wenn mich andere Kinder so heruntermachen“, vertraute sie mir an.

Als ich sie fragte, was sie unternehmen könne, um dieses Problem zu lösen, dachte Toni zunächst einmal lange und gründlich nach. Dann entschied sie Folgendes: Wenn sie an der Reihe damit wäre, ihre Buch-Inhaltsangabe vor der ganzen Klasse vorzulesen, dann wollte sie eine Geschichte über ein fiktives Mädchen hinzufügen, das alle als zu dünn und hässlich bezeichneten. Gesagt, getan. In ihrer Geschichte beschrieb sie dann auch, welche Gefühle das Verhalten der Klassenkameraden in diesem Mädchen auslösten. Auf diese Weise gab sie nicht auf, sondern übernahm die Kontrolle über die Situation. Die Kinder, die sie so schlecht behandelt hatten, assoziierten Tonis Geschichte mit dem, was sie ihr angetan hatten, und begannen, sie in einem neuen Licht zu sehen. Nach und nach schloss sie sogar Freundschaften mit einigen der Kinder, die sie zuvor so verspottet hatten. Nachdem das Problem gelöst worden war, hatte sie einen freien Kopf und konnte sich wieder auf ihre Arbeit konzentrieren.

Vielleicht ist das Lösen von zwischenmenschlichen Problemen ebenso wichtig wie das von mathematischen. Kinder, die sich vor der Schule fürchten, gehänselt werden oder nicht imstande sind, die Freundschaften zu schließen, nach denen sie sich sehnen, sind innerlich so sehr davon in Anspruch genommen, dass sie sich nicht auf ihre schulischen Aufgaben konzentrieren können. Wenn wir erkennen können, dass Kinder, die in Mathematik versagen, deswegen nicht unbedingt Unterstützung in Mathematik benötigen, helfen wir ihnen, sich aufs Lernen zu konzentrieren, und machen es ihnen leichter.

Zu schüchtern, um mit anderen zu spielen?

Will Ihr Kind nicht mit anderen spielen, oder scheint es Angst davor zu haben, sich einer Gruppe anzuschließen? Sieht es den anderen lieber zu, als selbst mitzumachen? Ist es zu schüchtern, um sich vor seine Klasse hinzustellen und etwas vorzutragen oder die Hand zu heben, um eine Frage, die der Lehrer gestellt hat, zu beantworten?

Viele Kinder fühlen sich gestresst und ziehen sich zeitweilig von Aktivitäten und Gleichaltrigen zurück, wenn sie mit einer ungewohnten Situation konfrontiert werden, wie beispielsweise dem Eintritt in eine neue Schule. Doch sobald sie ihr Selbstvertrauen zurückgewonnen haben, bringen sie sich erneut ein und werden aktiv. Doch manche Kinder sind so scheu, schüchtern oder ängstlich, dass sie außerstande sind, sich zu behaupten oder für ihre Rechte einzustehen, und wenn man ihnen eine Bitte verweigert, schmollen sie und geben zu schnell auf. Obwohl es eine wichtige Fähigkeit ist, im Leben auch auf Dinge warten zu können, warten manche scheue und introvertierte Kinder allzu lange, weil sie nicht in der Lage sind oder sich nicht dazu durchringen können, das Gewünschte noch einmal zu versuchen. Diese Kinder benötigen Hilfe bei der Überwindung ihrer Ängste.

Der zehnjährige Richie war zu ängstlich, um sich am Unterricht zu beteiligen. Er meinte, wenn er einen Fehler machte, würden die anderen Kinder ihn auslachen oder der Lehrer würde ihn mit den Kindern vergleichen, die die Antworten besser wussten. Seine Mutter bat ihn inständig, es dennoch zu probieren, und sagte ihm – ja, sie versprach es ihm geradezu –, die anderen Kinder würden ihn ganz bestimmt nicht auslachen und der Lehrer würde ihn sicherlich nicht heruntermachen; doch das änderte nichts an Richies Überzeugung. Am Ende gab sie ihm das Versprechen, ihm den kleinen Hund zu kaufen, den er sich so sehr gewünscht hatte, wenn er nur endlich in der Klasse den Mund aufmachen würde. Aber ein Hund löste das wahre Problem nicht – es brachte den Grund, warum der Junge sich in der Schule so ängstlich verhielt, nicht zum Verschwinden.

Hier sind einige Dinge, die Sie tun können, wenn Ihr Kind sich so fühlt wie Richie. Stellen Sie Fragen wie etwa:

„Gibt es da etwas, was dein Lehrer tut und was dir unangenehm ist?"
„Hast du Angst, einen Fehler zu machen?"
„Wirst du verlegen, wenn du aufgerufen wirst?"
„Hänseln die anderen Kinder dich, wenn du eine Antwort gibst?"

Sobald Ihr Kind die Ursachen für sein Unbehagen erkannt hat, sollten Sie es fragen, wie es sich fühlt, wenn der Lehrer es aufruft, und diese Gefühle anerkennen. Und dann:

- Falls die anderen Kinder Ihr Kind auslachen oder hänseln, wenn es eine Frage beantwortet, sollten Sie es auffordern zu überlegen, was es tun oder sagen könnte, um die anderen zum Schweigen zu bringen.
- Falls es sich davor fürchtet, Fehler zu machen, sollten Sie ihm zu verstehen geben, dass es ganz normal ist, sich zu irren. Erzählen Sie ihm von einigen Fehlern, die Sie selbst machen oder in seinem Alter gemacht haben.
- Bitten Sie das Kind, einmal zu versuchen, jetzt gleich eine Frage zu beantworten. Überlassen Sie ihm, das Thema auszusuchen; erzählen Sie ihm etwas darüber, und warten Sie, bis es eine Frage hört, bei der es sich sicher fühlt.
- Wenn das Kind in der Klasse laut vorlesen muss, lassen Sie es zu Hause üben, in einer Umgebung, die es als gefahrlos wahrnimmt und in der Sie zu seiner Unterstützung da sind.

Der siebenjährige Jesse litt unter verschiedenen Ängsten. Er traute sich nicht, mit anderen Kindern zu spielen, weil er früher gelegentlich erlebt hatte, dass Kinder, die er gefragt hatte, ob er mit ihnen spielen dürfe, geantwortet hatten: „Jetzt nicht", oder „Wir haben keinen Platz mehr für andere Kinder". Jesse hatte aufgegeben und war traurig – wie viele scheue und ängstliche Kinder. Jesses Mutter probierte mit ihrem Sohn eine Methode aus, die von Kinderpsychologen empfohlen wird: das Rollenspiel. Die Mutter tat dabei so, als sei sie selbst ein Kind und bat ihren Sohn, ihr zu zeigen, wie er die anderen gebeten hatte, mit ihnen spielen zu dürfen. „Hallo, kann ich mitspielen?", fragte Jesse. Seiner Mutter fiel auf, dass er dabei den Kopf gesenkt hielt und so leise sprach, dass sie ihn kaum verstehen konnte. Daraufhin sagte seine Mutter: „Das war gut. Aber wenn du's jetzt gleich noch mal versuchst, dann schau mich dabei an und sprich ein bisschen lauter, damit ich dich richtig hören kann." Nachdem Jesse dies eine Weile geübt hatte, holte seine Mutter seine etwas ältere Schwester dazu, damit er mit ihr weiterüben konnte.

Den Kindern soziale Fähigkeiten – wie Augenkontakt und lautes, deutliches Sprechen – beizubringen, ist eine Möglichkeit, ihnen zu helfen. Eine andere besteht darin, ihnen Fragen zu stellen, die sie dazu anregen, sich konkrete Alternativ-Strategien auszudenken, falls etwas nicht funktioniert. Die vierjährige Tanya wollte im Kindergarten in der Puppenecke spielen; weil die anderen Kinder sie nicht aufforderten, sich zu ihnen zu gesellen, strich sie um die Puppenecke herum und wusste nicht, wie sie ihnen zeigen sollte, dass sie gerne mitgespielt hätte. Die wohlmeinende Erzieherin sagte zu den anderen: „Tanya möchte helfen, den Koffer für die Puppe zu packen." Aber auch wenn die Kinder Tanya in ihren Kreis aufgenommen hätten, war Tanya noch nicht wirklich bereit dazu. Und die Erzieherin verhinderte mit ihrer „Hilfestellung", dass die Kleine selbst die Initiative ergriff.

Deshalb sagte Tanyas Mutter zu ihrer Tochter: „Ich habe ein Problem und möchte gerne, dass du es löst: Denk dir drei Möglichkeiten aus, wie du ‚Allie den Alligator' (Tanyas Lieblingshandpuppe) dazu überredest, mit dir schwimmen zu gehen." Es ging der Mutter nicht darum, die Einfälle ihrer Tochter zu bewerten; vielmehr wollte sie das Mädchen dazu bringen, sich mehr als nur eine Möglichkeit auszudenken, um dieses Problem zu lösen. Tanya machte es Spaß, sich verschiedene Wege vorzustellen, wie sie Allie dazu verleiten könnte, mit ihr zu schwimmen; ganz besonders gefiel ihr die Idee, die sie dann fröhlich ausposaunte: „Sag ihm, ich werd ihn bestimmt retten, wenn er untergeht." Bald danach, im Kindergarten, stand Tanya wiederum außerhalb der Puppenecke und sagte dieses Mal zu den anderen Kindern: „Wenn ihr einen Feuerlöscher braucht, ich bin ein Feuerlöscher." In diesem Augenblick entdeckte eines der Kinder ein fiktives Feuer.

Tanya war darüber so begeistert, dass sie strahlend nach Hause kam und stolz erklärte: „Mami, heute habe ich ein Problem gelöst!"

Heathers Mutter machte sich Sorgen, weil ihre siebenjährige Tochter sich ständig in ihrem Zimmer verkroch, wenn sie selbst Gäste empfing; das tat Heather sogar dann, wenn diese Leute ihre Kinder mitbrachten, damit Heather mit ihnen spielen konnte. Heathers Mutter versuchte, ihre Tochter herauszulocken, indem sie ihr sagte, wie gerne die Gäste sie sehen würden, ihr erklärte, dass sie ihr Geschenke mitgebracht hätten und sie bat, sich zu ihnen zu gesellen. Doch Heathers Verhalten änderte sich nicht. Sie war ganz einfach zu scheu, um die Besucher zu begrüßen.

Letzte Weihnachten versuchte Heathers Mutter eine ganz besondere Strategie. Sie sagte zu ihrer Tochter: „Ich backe für die Weihnachtsfeiertage eine Lebkuchenfigur, und dazu brauche ich deine Hilfe." Als es Zeit war, das Gesicht zu gestalten, sagte die Mutter: „Du kannst die Augen, die Nase und den Mund da einsetzen, wo es dir gefällt. Denk dir was Witziges aus." Mit Zucker formte Heather den Mund und brachte ihn auf der Stirn der Figur an. Dann nahm sie Kandiskugeln für die Augen und legte sie unter den Mund. Die Nase aus Lakritze setzte sie unter das rechte Auge. Daraufhin besah sich Heather ihr Werk und musste so heftig lachen, dass sie fast nicht mehr aufhören konnte. Sie war so begierig, jemandem ihre neue „Schöpfung" zu zeigen, dass sie es gar nicht erwarten konnte, dass Gäste ins Haus kamen. Als die dann da waren, lief das Mädchen – anstatt sich in ihrem Zimmer zu verkriechen – jedem einzelnen Besucher entgegen und führte ihn zu ihrem „Kunstwerk". Bis zur nächsten Einladung hatte Heather beschlossen, Plätzchenformen zu entwerfen und jedem Gast ein eigenes Gedicht zu schreiben. Ihre Mutter musste sie nicht mehr mit dem Versprechen, Geschenke zu erhalten, herauslocken, noch ihr versichern, wie sehr die Leute sie sehen wollten; und sie brauchte sie auch nicht mehr zu bitten, sie zu begrüßen.

Wenn Ihr Kind zu schüchtern ist, um mit den anderen zu spielen, dann sollten Sie ihm helfen, sich entspannt und ruhig zu fühlen. Wenn es auf eine besondere Schulleistung – beispielsweise einen Aufsatz – stolz sein kann, selbstbewusst neue Wege findet, um sich anderen Spielkameraden anzuschließen oder sich über seine selbstgebastelten Geschenke für die eingeladenen Gäste freuen kann, wird es sich frei von Ängsten und Beklommenheit fühlen und innerlich so sicher sein, dass es sich zu den anderen gesellen kann, anstatt sich zurückzuziehen.

Wenn ein Familienmitglied chronisch krank ist

Wenn Sie, Ihr Ehepartner oder eines Ihrer Kinder an einer schweren Erkältung oder Grippe erkranken, sind Sie oft frustriert, beunruhigt, ja sogar ärgerlich, dass dies ausgerechnet jetzt passieren muss. Der ganze Tagesablauf verlangsamt sich, und selbst die einfachsten Aufgaben können ungeheuer kompliziert werden. Die normale Alltagsroutine ist gestört.

Was muss es dann erst für ein Gefühl sein, wenn ein Familienmitglied eine lebenslange, körperliche Behinderung oder eine lebensbedrohliche Krankheit hat? Die damit verbundenen Ängste, Belastungen und – manchmal sogar – Depressionen können überwältigend werden und nur sehr schwer zu ertragen sein.

Bei Montel Williams, einem bekannten Talkshowmoderator, wurde multiple Sklerose (MS) diagnostiziert, eine potenziell lebensgefährliche Krankheit, bei der sich das zentrale Nervensystem entzündet. Trotzdem gestattete sich Montel nicht, sich der Verzweiflung hinzugeben oder in einem Zustand des Schocks herumzulaufen. Da er um die Verbindung zwischen körperlicher Fitness und Gesundheit wusste, nahm er einen Kurs zur Steigerung seiner körperlichen Fitness in Angriff, um gut auszusehen und sich auch so gut zu fühlen, wie er aussah. Er fand, dass er das nicht nur sich selbst schuldig war, sondern auch seinen Kindern, die neun, zehn, vierzehn und neunzehn Jahre alt waren.

Ich hatte die Gelegenheit, mit Montel über körperliche Fitness zu sprechen. Ihm half das gute körperliche Gefühl, sich auch emotional gut zu fühlen, was ihm wiederum mehr Energie für den Umgang mit seinen Kindern gab. „Sobald man anfangen muss, auf seine eigene Gesundheit und sein Wohlbefinden zu achten, macht man sich automatisch auch mehr Sorgen um die Menschen, die man liebt – seine Frau, seine Kinder."

Da Montel vollkommen aufrichtig sein wollte, erklärte er seinen Kindern seine Krankheit in allen Einzelheiten und verschwieg auch nicht, dass MS zu fortschreitender Degeneration führen kann. Dabei sagte er ihnen auch, dass er jeden Morgen eine Stunde lang Gymnastik treiben müsse, bei der er nicht unterbrochen werden dürfe.

Indem Montel den Kindern seine Krankheit und die daraus resultierenden Bedürfnisse erläuterte, half er ihnen nicht nur, mehr Empathie für ihn, sondern auch für die Bedürfnisse und Gefühle anderer aufzubringen – zum Beispiel für Kinder, die in der Schule drangsaliert wurden. Montel erzählte mir, dass seine Kinder jetzt viel eher geneigt waren, anderen Menschen zu helfen, die im Rollstuhl saßen oder sich langsam dahinschleppten oder traurig aussahen. „Ihnen ist wohl bewusst, dass ich, auch wenn ich zum jetzigen Zeitpunkt gesund aussehe, diese Krankheit in mir trage, und sie sind gut vorbereitet für alle denkbaren Veränderungen, die zukünftig eintreten könnten", sagte Montel.

So wie seine Kinder wegen der Krankheit ihres Vaters jetzt mehr Verständnis für andere aufbringen, glaubt Montel, dass er jetzt mehr Verständnis für seine Kinder hat. „Ich bin sensibler für ihre Bedürfnisse, als ich es sonst wäre", meinte er.

Montel kann nicht voraussagen, wie lange er so gut aussehen und sich so gut fühlen wird wie gegenwärtig. Jedenfalls lebt er ein erfülltes Leben, und mit Hilfe seines Fitness-Trainers tut er alles, was er kann, solange er noch dazu imstande ist.

Bei der jetzt fünfjährigen Brandy Haller wurde im Alter von zwei Jahren eine Lungenhypertonie festgestellt, eine seltene, potenziell tödliche Lungenkrankheit, die irrtümlicherweise oft für Asthma oder Atemnot gehalten wird. In den vergangenen drei Jahren musste Brandy vierundzwanzig Stunden täglich, sieben Tage in der Woche, einen Schlauch tragen, der Blut und lebensrettende Medikamente in ihr Herz pumpt. Obwohl sie nicht versteht, wie schlimm ihre Krankheit ist, versteht sie sehr wohl, dass ihre Pumpe nicht feucht werden oder herausgezogen werden darf; deshalb ist es ihr auch untersagt, an den Strand zu gehen und dort in Sand und Wasser zu spielen. Aber trotz ihres „Pumpchens", wie sie das Gerät liebevoll nennt, ist Brandy fröhlich, fährt Rad und klagt nicht.

Obwohl ihre Eltern auf ein Heilmittel gegen die Krankheit ihrer Tochter hoffen, bleiben sie in ihrem Alltag optimistisch, aber auch realistisch. Brandys Mutter erklärte: „Wir sind dankbar für jeden Tag. Wir können nicht daran denken, was morgen oder in fünf Jahren sein wird oder wie unsere Tochter leben wird, wenn sie erwachsen ist. Wir müssen positiv denken und unser Leben gestalten, so gut wir können."

Brandy geht jetzt in den Kindergarten. Obwohl ihre Erzieherinnen über ihren Zustand, ihre besonderen Bedürfnisse und darüber, was im Notfall zu tun ist, Bescheid wissen, ist es Brandys Eltern klar, dass es ein Risiko bedeutet, ihre Tochter in den Kindergarten zu schicken. Aber sie sind bereit, es einzugehen. „Brandy liebt Menschen", erzählte ihre Mutter mir. „Ich möchte, dass sie mit anderen Kindern zusammen sein kann; mit Problemen befassen wir uns dann, wenn sie auftreten."

Familien, die so gut ihre Schwierigkeiten meistern, können uns allen Anregungen geben. Sind wir einmal gestresst oder niedergeschlagen, so überwinden wir unseren Zustand leichter, wenn wir an Montel, seine Familie oder an die Hallers denken. Wenn es ihnen gelingt, positiv zu bleiben und zu sehen, dass das Leben lebenswert ist, dann uns hoffentlich auch.

Viertes Kapitel

Empathie

Vermitteln wir Jungen und Mädchen unterschiedliche Botschaften?

Wir schicken unsere Söhne und Töchter auf die Schule, in der Hoffnung, dass sie dort eine anregende Umgebung zum Lernen vorfinden; doch was tatsächlich in den Klassenzimmern geschieht, ist oft überraschend und beunruhigend. Hier sind ein paar Forschungsergebnisse, auf die ich kürzlich stieß:

- Bis zum Alter von zwei Jahren werden Mädchen häufiger als Jungen beim Reden unterbrochen.
- Im Kindergarten erhalten Jungen mehr Aufmerksamkeit als Mädchen.
- Schon in der ersten Klasse rufen Lehrer Jungen häufiger auf als Mädchen und lassen sie im Unterricht länger zu Wort kommen.
- Grundschullehrer loben Mädchen dafür, wie sie sich kleiden und ihre Haare frisieren, wohingegen Jungen dafür gelobt werden, wie sie Probleme lösen und Aufgaben meistern.
- Jungen werden mehr geistig anregende Fragen gestellt, was nahe legt, dass Lehrer Jungen für fähiger halten, abstrakt zu denken, als Mädchen.

- Vom Kindergarten bis zur weiterführenden Schule erhalten Jungen mehr Aufmerksamkeit von den Lehrern und mehr Redezeit.

Nachdem die Forscher Janice Koch, Eli Newberger, Diane Ruble und Carol Lynn Martin diese und andere Studien über Schule und Geschlecht zusammengefasst hatten, kamen sie zu dem Schluss, dass Eltern und Lehrer Jungen und Mädchen unterschiedliche Botschaften vermitteln – ohne sich dessen bewusst zu sein.

Vermitteln Lehrer unabsichtlich die subtile Botschaft, dass Jungen Wichtigeres zu sagen haben als Mädchen?

Diese Ungerechtigkeit manifestiert sich nicht nur in der Schule, sondern auch zu Hause. Sowohl Mütter als auch Väter ermuntern Jungen mehr zu grobmotorischen Aktivitäten als Mädchen und gewähren Jungen mehr Freiheiten – das heißt, sie überwachen sie weniger. Mädchen werden mehr dazu ermutigt, Abhängigkeit und liebevolle Emotionen zu zeigen. Schon im Alter von drei bis sechs Monaten werden Kinder unterschiedlich behandelt: Mütter lächeln ihre Töchter mehr an als ihre Söhne, und auch in der Kindertagesstätte lächeln die Betreuerinnen die Mädchen mehr an als Jungen.

Väter treten mit mehr Befehlen und Forderungen an ihre Söhne heran, indem sie beispielsweise sagen: „Bring mir mal dieses Buch." Zu Mädchen sagen die Väter viel eher: „Könntest du mir bitte dieses Buch bringen?" Nicht nur reden Eltern höflicher mit ihren Töchtern; auch wenn die Kinder erst achtzehn Monate alt sind, lassen sie in die Gespräche mit den Mädchen schon mehr Worte einfließen, die Emotionen vermitteln, als in die Gespräche mit ihren Söhnen. Das gilt sowohl für positive Emotionen wie Glück und Stolz als auch für negative, hauptsächlich Traurigkeit und Angst.

Wenn Eltern mit ihren Söhnen über Gefühle reden, dann zumeist über Wut. Und wenn Mütter Konflikte mit ihren Kindern austragen, dann ziehen sie es bei ihren Töchtern vor, Harmonie herzustellen; dagegen akzeptieren sie, dass ihre Söhne bei einer Auseinandersetzung auch einmal zornig um sich schlagen. Auch bestrafen Eltern ihre Kinder unterschiedlich: Während Jungen eher dafür bestraft werden, dass sie ihre Geschwister geschlagen oder ihnen Spielzeug weggenommen haben, neigen Eltern eher dazu, Mädchen zu *erklären*, warum sie solche Dinge nicht tun sollten.

Es scheint so, dass wir uns im Kontakt mit unseren Töchtern auf Gefühle und im Kontakt mit unseren Söhnen auf Handlungen konzentrieren. Doch das ist ungerecht. Mädchen sind genauso daran interessiert, aktiv Dinge zu tun, auch wenn sie es nicht sagen.

Entsprechend ermuntern wir unsere Töchter, ihre Emotionen auszuleben, und erwarten von unseren Söhnen, dass sie ihre Gefühle kontrollieren. In seinem Buch *Jungen: was sie vermissen – was sie brauchen* erklärt William Pollack, wenn wir besonders viel Wert auf Wut und Aggression bei unseren Söhnen legen, lernen sie oftmals, ihre anderen Gefühle zu verbergen. Ein Vater drückte es mir gegenüber so aus: „Wenn mein Sohn seinen Freunden sagen würde, wie er sich fühlt, würden die denken, er wäre ein Weichling." Und wenn Jungen keine Gelegenheit bekommen, über ihre Traurigkeit und ihre Ängste zu sprechen, werden sie auch nicht lernen, mit diesen Gefühlen umzugehen; stattdessen werden sie sich angewöhnen, sie zu ignorieren, zu vermeiden oder sogar zu unterdrücken. Sie werden daher auch weniger geneigt sein, für andere Menschen, die in Not sind, da zu sein und ihnen zu helfen.

Obwohl Jungen im Allgemeinen seltener darüber sprechen, was sie empfinden, haben sie natürlich trotzdem Gefühle – und sind durchaus bereit, darüber zu reden, mit Vorliebe in ruhigen, friedlichen Augenblicken. Meiner eigenen Erfahrung nach teilen Jungen aller Altersgruppen bereitwillig mit, was sie stolz, traurig, frustriert und ängstlich macht, und zwar genauso oft wie Mädchen.

Damit wir Jungen und Mädchen keine unterschiedlichen Botschaften vermitteln und unsere Kinder nicht in geschlechtsspezifische Stereotypen einengen, fügt die Entwicklungspsychologin Nora Newcombe den Vorschlägen, die von Newberger und Pollack gemacht wurden, folgende hinzu:

- Ermuntern Sie Ihre Söhne und Ihre Töchter gleichermaßen dazu, über die Gefühle anderer Menschen wie auch über ihre eigenen zu sprechen.
- Fragen Sie Jungen und Mädchen, wie bestimmte Figuren sich in Erzählungen oder in Fernseh- und Kinofilmen wohl fühlen mögen. Wenn Sie Ihren Söhnen und Töchtern Geschichten vorlesen, so sollten Sie – auch wenn die Kinder noch sehr klein sind – Gefühlsworte, wie froh, traurig, wütend, immer hervorheben. Tun Sie dies durch entsprechende Mimik und Stimmlage und auch dann, wenn Ihre Söhne nicht darauf zu reagieren scheinen. Dadurch helfen Sie Ihrem Kind, Mitgefühl für andere zu entwickeln, die Schwierigkeiten haben und Beistand benötigen.
- Sprechen Sie mit Ihren Söhnen und Ihren Töchtern über alle Gefühle – nicht nur über die guten. Teilen Sie selbst Ihre Gefühle mit – das animiert Ihre Kinder, dasselbe zu tun.
- Helfen Sie Ihrem Kind zu erkennen, dass man gemischte Gefühle in Bezug auf Dinge/Menschen/Situationen haben kann – und konzentrieren Sie sich dann auf die po-

sitive Seite, um seinen emotionalen Druck zu lindern. Die meisten Kinder verstehen mühelos, wie normal eine solche Ambivalenz ist. Der zehnjährige Ben beispielsweise war traurig und besorgt, als er sich ein Bein brach; außerdem war er frustriert, weil er deshalb nicht Fußball spielen konnte; aber er freute sich auch über all die Aufmerksamkeit, die er erhielt.

- Egal, ob Sie Mutter oder Vater sind – geleiten Sie Ihre Söhne und Töchter gleichermaßen mit unterstützenden, fürsorglichen Kommentaren durch den Alltag.
- Erklären Sie Ihren Söhnen und Töchtern, warum es nicht akzeptabel ist, einen anderen zu schlagen und ihm sein Spielzeug wegzunehmen. Bestraft man Jungen lediglich für ihre Aggressivität, macht man sie nur noch aggressiver.

Wir wollen, dass unsere Jungen wissen, wie wichtig ihre Gefühle sind, und wir wollen, dass Mädchen klar ist, dass wir ihre Gedanken wertschätzen. Loben Sie Ihre Tochter für ihre Leistungen und ihre Ideen und nicht nur für ihr Aussehen.

Und wenn Ihre Tochter etwas sagt, dann sollten Sie versuchen, sie nicht zu unterbrechen.

Auch Eltern haben Gefühle

Ihr vierjähriger Sohn springt auf der Couch herum und hat dabei seine Schuhe an. Sie finden es wunderbar, dass er so fröhlich ist; Sie freuen sich über seine Ausgelassenheit. Aber er soll wissen, dass auch Sie Gefühle haben, und dass Sie sich in diesem Augenblick Sorgen machen, er könne die Sofakissen ruinieren. Am liebsten würden Sie brüllen:

„Geh sofort von der Couch runter, du machst sie ganz schmutzig!“, aber Ihnen ist wohl bewusst, dass Brüllen keine Wirkung hat; Ihr Kind würde es einfach „ausblenden“.

Ihre sechsjährige Tochter sitzt auf dem Wohnzimmerteppich und malt mit Fingerfarben. Sie sind entzückt, dass sie sich selbst beschäftigen und durch Malerei ausdrücken kann. Aber Sie haben ihr auch immer und immer wieder gesagt, sie dürfe nicht auf dem Teppich malen, und ganz gleich, wo sie malt, müsse sie die Unterfläche mit Zeitungspapier abdecken. Auch Sie haben Gefühle! Also setzen Sie sich zu ihr auf den Boden und erklären ihr, warum Sie nicht wollen, dass sie auf dem Teppich malt. Sie wollen ihre kreative Energie nicht behindern. Sie reden mit ihr. Die Kleine nickt. Aber gleich danach fragen Sie sich, ob sie auch nur ein Wort von dem, was Sie gesagt haben, aufgenommen hat.

Was können Sie stattdessen tun? Zuerst einmal sollten Sie davon ausgehen, dass Ihre Kinder sich Ihnen nicht absichtlich widersetzen. Sie wollen die Sofakissen nicht beschmutzen noch den Teppich mit Fingerfarben fleckig machen. Sie denken einfach nicht an Sie. Und genau das ist das Problem.

Im Folgenden wird gezeigt, wie Sie Ihr Kind in ein Gespräch einbeziehen können, das ihm ermöglicht, seine eigenen Ziele zu erreichen und dennoch Ihren Standpunkt zu verstehen.

Wenn Ihr Kind auf dem Sofa herumspringt, dann sollten Sie es fragen: „Was könnte passieren, wenn du so auf dem Sofa herumspringst?“

Manche Kinder werden antworten: „Ich weiß nicht“, oder, aufsässiger: „Interessiert mich nicht.“

Versuchen Sie, sich nicht aufzuregen, und sagen Sie ganz ruhig: „Ich weiß genau, wenn du jetzt richtig nachdenkst, fällt dir etwas ein, das passieren könnte.“

Wenn Ihr Kind sagt: „Du schickst mich in mein Zimmer", können Sie seine Gedanken lenken, ohne ihm eine Antwort zu suggerieren, indem Sie sagen: „Und was könnte passieren, wenn du nicht hinschaust, wo du herumspringst?" Die Absicht sollte sein, Kinder erkennen zu lassen, warum das Herumspringen auf Möbeln keine gute Sache ist; falsch wäre, wenn die Kinder nur deshalb reagieren, weil sie fürchten, ansonsten angebrüllt oder in ihr Zimmer geschickt zu werden.

Falls Ihr Kind jetzt sagt: „Ich könnte mich verletzen" oder „Ich könnte etwas schmutzig machen", so fragen Sie es: „Und wie, glaubst du, wirst du dich dann fühlen?" Die meisten Kinder werden antworten: „Traurig." Daraufhin sollten Sie die Frage stellen: „Und wie, glaubst du, fühle ich mich, wenn das passiert?" Die meisten Kinder werden wiederum sagen: „Traurig" oder „Wütend". Fragen Sie nun als Letztes: „Kannst du dir einen *anderen* Platz vorstellen, wo du herumspringen (oder malen) könntest, damit genau das nicht passiert und wir uns beide nicht traurig oder wütend fühlen?"

Als ein Vater, den ich kenne, seiner vierjährigen Tochter diese Fragen stellte, kam sie auf eine eigene Lösung: *Draußen* wäre ein geeigneter Platz, um herumzuspringen – sprach's und ging mit einem Lächeln hinaus. Ihr Vater lächelte ebenfalls. Er erkannte die Bedürfnisse seiner Tochter an, und sie erkannte an, dass auch ihr Vater Gefühle hatte.

Hier ist eine andere Szene: Ihre zehn und sieben Jahre alten Söhne spielen im Wohnzimmer Fangen und rennen dabei wie wild herum. Als sie heftig aneinander zerren, gerät die Vase, die auf dem Tisch steht, ins Wanken und fällt auf den Boden, wo sie zerbricht. Sie sind zornig. Sie geben den Kindern einen Klaps auf den Hintern und schicken sie in ihr Zimmer. Aber damit haben Sie nicht viel erreicht. Jetzt sind beide Jungen wütend aufeinander, weil sie sich gegenseitig in diese missliche Lage gebracht haben. Gleichzeitig sind beide ärgerlich auf Sie, weil Sie nicht verstehen, dass sie die Vase nicht absichtlich zerbrochen haben. Und Sie sind zornig auf die beiden, weil sie so unvorsichtig und gedankenlos waren.

Wenn Ihre Kinder tatsächlich etwas zerbrochen haben, können Sie ihnen Fragen stellen, wie:

„War das Wohnzimmer ein geeigneter Ort zum Herumrennen?"
„Was ist passiert, als du herumgerannt bist?"
„Wie empfindest du das, was passiert ist?"
„Wie, glaubst du, empfinde ich es?"
„Wo ist ein geeigneter Ort zum Spielen?"
„Wie, glaubst du, wird es das nächste Mal sein, wenn du im Haus Fangen spielst?"

Auf diese Weise werden Kinder sich daran gewöhnen, Ihre Bedürfnisse in ihre Pläne einzubeziehen. Aber das Problem wird deshalb nicht gänzlich verschwinden. Denn viele Kinder sind bis zum Alter von etwa zwölf Jahren noch nicht imstande, anderer Leute Bedürfnisse wahrzunehmen. Im Folgenden wird gezeigt, wie ein Vater seinen zehn- und zwölfjährigen Töchtern zu erkennen half, dass verschiedene Menschen ein- und dasselbe unterschiedlich empfinden können, indem er ihnen die Frage stellte: „Wie ist das möglich?"

Vater: Wir wollen eine Geschichte über zwei Mädchen erfinden, die in eurem Alter sind: Alice liebt es, richtig *laut* Musik zu spielen; dabei fühlt sie sich gut. Ihre

Schwester Mary muss sich diese Musik notgedrungen mitanhören und ist sauer darüber. Wie ist das möglich?"
Emily: Vielleicht erinnert sich Alice daran, wie laut die Musik letzte Woche auf der Tanzparty in der Schule war. Sie tanzt wahnsinnig gerne zu richtig lauter Musik.
Tina: Aber wenn Mary versucht, ihre Hausaufgaben zu machen, dann fühlt sie sich durch die Musik vermutlich gestört.
Vater: Das hast du klug gefolgert. Gute Überlegung! Jetzt denk dir eine Geschichte aus, die meiner ähnlich ist.
Emily: Eve bekam zum Geburtstag einen Fußball geschenkt und freute sich sehr darüber. Carol bekam auch einen, aber das Geschenk flößte ihr Angst ein. Eve liebt Fußball, Carol dagegen fürchtet immer, sie könnte beim Spiel einen Schlag auf den Kopf bekommen.
Tina: Jackie war stolz, weil sie die Hauptrolle in dem Theaterstück bekam, das die Klasse einstudierte. Cindi hätte sich auf keinen Fall in dieser Rolle versuchen wollen, weil sie immer Angst hat, ihren Text zu vergessen.

Beide Mädchen verstanden nun, dass Menschen ein- und dieselbe Sache unterschiedlich empfinden können. Wenn jetzt zu Hause Meinungsverschiedenheiten auftreten, dann muss der Vater seine Töchter nur an diese Geschichten erinnern und sie dann fragen: „Wie ist das möglich?" In der Regel genügt das.

Sie können auch das „Wie empfinden Menschen bestimmte Dinge?"-Spiel spielen. Es geht so:

Beginnen Sie mit einem Wort, das ein positives Gefühl impliziert, wie *glücklich*. Fragen Sie Ihr Kind: „Was macht dich glücklich?" Und dann fragen Sie: „Was noch? Denk dir fünf Dinge aus."

Nachdem Ihr Kind geantwortet hat, sagen Sie zu ihm: „Und nun sag mal, was könnte deinen Freund Tom glücklich machen? Und was Oma? Und was Dr. Peters?"

Sobald Ihr Kind Antworten gefunden hat, sagen Sie: „Jetzt machen wir das Spiel ein bisschen schwieriger. Was, glaubst du, könnte deinen Freund Tom *und* Oma *und* auch Dr. Peters glücklich machen?" Möglicherweise erwidert das Kind so etwas wie: „Eine Tüte Eiscreme."

Fragen Sie nun: „Was könnte Tom glücklich machen, aber *nicht* Oma?" Ihr Kind erwidert darauf vielleicht: „Ein Videospiel."

Als Nächstes stellen Sie die Frage: „Was würde Oma glücklich machen, aber *bestimmt nicht* Tom?"

„Ein Besuch im Museum", sagt das Kind zum Beispiel darauf.

Und nun spielen Sie das Spiel mit anderen Gefühlsworten, wie *traurig*, *wütend*, *enttäuscht* und *beunruhigt*.

Solche Dialoge helfen Kindern, die Fähigkeit zu entwickeln, ihre eigenen Bedürfnisse und gleichzeitig auch die anderer Menschen zu berücksichtigen und Lösungen zu finden, die für beide Seiten annehmbar sind. Dies gehört zum besten Rüstzeug, das wir unseren Kinder für alle Beziehungen, die sie im Laufe ihres Lebens knüpfen werden, mit auf den Weg geben können.

Was bedeutet „nett und freundlich" sein?

Manchmal denke ich, es ist leichter, Kindern beizubringen, was es bedeutet, gerecht zu sein, als, was es heißt, freundlich zu sein. Nehmen wir beispielsweise den zehnjährigen Bobby und seine neunjährige Schwester Ellie. Beide Kinder wussten, dass sie, wenn sie ein Spiel beendet hatten, dafür verantwortlich waren, das Spielzeug wieder wegzuräumen. Keiner von beiden erwartete, dass der jeweils andere dies für ihn tat.

Aber nachdem sie das gelernt hatten, fingen sie an, ihre Auffassung von Gerechtigkeit allzu wörtlich zu nehmen: Sie überwachten einander auf Schritt und Tritt. War es zum Beispiel für Ellie an der Zeit, Ordnung in ihrem Zimmer zu schaffen, dann räumte sie alles auf – mit Ausnahme des Buches, das ihr Bruder aus ihrem Regal genommen hatte, und erklärte beharrlich: „Er hat es aufs Bett gelegt, und darum muss er es auch wieder zurückstellen!"

Bobby, ebenso stur, nahm beispielsweise die Butter aus dem Kühlschrank, verlangte aber, dass Ellie sie wieder zurückstellte, weil „sie sie als Letzte gebraucht hat".

Der Vater der beiden Geschwister machte sich Sorgen. Er befürwortete zwar, dass jedes Kind sein Prinzip hatte, wunderte sich aber, warum die Kinder so viel Energie investierten, um es penibel einzuhalten. Sie schienen den Begriff „Gerechtigkeit" allzu genau zu nehmen. Lohnte es sich wirklich, solch ein Tamtam zu machen? Gerechtigkeit und Fairness sind eigentlich dazu bestimmt, die Gefühle von Menschen zu schonen. Doch auf Bobby und Ellie hatte „gerecht sein" leider die umgekehrte Wirkung.

Meinen eigenen Forschungsarbeiten zufolge verstehen die meisten Kinder bereits im Alter von vier Jahren: Wenn ein Kind mit einem bestimmten Spielzeug spielt, ein anderes jedoch nicht, ist es nur gerecht, dass das Kind, welches das Spielzeug benutzt hat, es auch wieder aufräumt. Aber erst mit etwa neun oder zehn Jahren verstehen Kinder, dass Freundlichkeit wichtiger ist, als die Regeln der Gerechtigkeit einzuhalten. Das heißt, in ihrem Alter müssten Bobby und Ellie eigentlich zu der Erkenntnis kommen: Zwar ist es nicht *unfair* von Ellie, darauf zu bestehen, dass ihr Bruder das Buch wegräumt, doch wäre es *nett* von ihr, es selbst zu tun, wenn sie ohnehin gerade das Zimmer in Ordnung bringt. Und entsprechend dazu müsste Bobby imstande sein zu begreifen: Auch wenn seine Schwester als Letzte von der Butter genommen hat, wäre es nett von ihm, sie wegzuräumen.

Es gibt einen feinen Unterschied zwischen Gerechtigkeit und Freundlichkeit. Als Eltern wollen wir nicht zur Kleinlichkeit ermuntern, sind aber auch nicht bereit, unverantwortliches Verhalten stillschweigend hinzunehmen. Konzentrieren wir uns jedoch auf das größere Ganze – die gute Kooperation – statt auf die genaue Vorschrift, so hilft das Kindern zu erkennen, dass ein Buch auf dem Bett kein großes Problem darstellt, über das sich zu streiten lohnt, sondern eben nur ein Buch ist, das man ohne große Mühe aufräumen kann. Und oft ist es klüger, freundlich zu sein als gerecht.

Aber was bedeutet nett und freundlich sein eigentlich? Bedeutet es für Kinder dasselbe wie für Erwachsene? Al und Clara Baldwin haben untersucht, was „freundlich sein" für Kinder vom Vorschulalter bis zur achten Klasse bedeutet, und fanden heraus, dass sie vieles anders sehen als die Erwachsenen.

Im Alter von acht Jahren stimmen die meisten Kinder mit Erwachsenen darin überein, dass ein Kind *netter* ist, wenn es willentlich einen verlorenen Ball für einen Freund zurückholt, als wenn es den Ball gerade kickt und der dann zufällig vor dem Kind landet. Doch viele Vorschulkinder sind der Ansicht, dass sich das erste Kind in beiden Fällen nett verhält, weil das andere Kind den Ball ja schließlich bekommt. Diese Einschätzung hängt damit zusammen, dass sie nicht darauf schauen, *wie* es ihn bekommen hat, sondern nur, *dass* es ihn bekommen hat.

In einem zweiten Fallbeispiel sind die meisten achtjährigen Kinder mit den Erwachsenen einer Meinung: Ein Kind, das seinem Bruder aus eigenem Antrieb ein Spielzeug gibt, ist netter als ein Kind, das dies nur tut, weil seine Mutter es verlangt. Doch auch hier finden viele Vorschulkinder, das Kind sei in beiden Fällen nett gewesen, weil es seinem Bruder das Spielzeug gab. Häufig verstehen sehr kleine Kinder nicht, dass die *Absicht*, nicht das Ergebnis bestimmt, was Freundlichkeit ist.

Angeregt durch die Forschungsarbeiten der Baldwins stellte ich einigen Kindern ganz bestimmte Fragen, um herauszufinden, wie sie Freundlichkeit definierten. Sally und Margy, beide fünf Jahre alt, waren mit den Erwachsenen über Freundlichkeit einer Meinung, was Absicht und die eigene Entscheidung für eine bestimmte Handlungsweise betraf. Aber als wir über Selbstaufopferung sprachen, dachten Sally und Margy wie viele Kinder ihres Alters anders darüber. So finden zum Beispiel viele Erwachsene, dass ein Kind freundlicher ist, wenn es einem anderen Kind ein Spielzeug gibt, mit dem es gerade spielt, als wenn es ihm ein Spielzeug gibt, mit dem es nicht spielt. Doch Sally und Margy fanden, es sei netter, jemandem ein Spielzeug zu geben, das man gerade nicht benutzt.

Daraufhin sagte Sallys Vater zu seiner Tochter: „Nimm einmal an, deine Freundin hat vergessen, ihre Tanzschuhe zum Tanzunterricht mitzubringen. Welches Verhalten wäre netter: deiner Freundin deine eigenen Schuhe anzubieten oder ihr das Ersatzpaar auszuleihen, das du zufällig dabei hast?" Sally fand, es wäre netter, das Ersatzpaar zu verleihen und nicht ihr einziges Paar zu opfern, „weil dann beide tanzen können". Wiederum schaute Sally auf das Endresultat statt auf den Grund des Handelns – in diesem Fall die Selbstaufopferung.

Freddi, elf Jahre alt, stimmte mit den Erwachsenen überein, dass es netter sei, jemandem einen Gefallen zu tun und dafür nichts zu erwarten, als zu erwarten, dass der Betreffende einem als Gegenleistung nun ebenfalls einen Gefallen tut. Aber Freddi fügte eine interessante Wendung hinzu: „Wenn ein Mensch anderen Leuten immer wieder Sachen schenkt, selbst aber nie etwas erhält, dann wird man ihn für einen Dummkopf halten, und andere Leute werden ihn ausnutzen."

Offenbar teilen Kinder nicht immer unsere Meinung darüber, was freundlich sein bedeutet. Wenn wir ärgerlich auf unsere Kinder sind, weil wir finden, dass sie unachtsam sind, oder – wie wir gesehen haben – Freundlichkeit zugunsten der Gerechtigkeit opfern, sollten wir bedenken, was es wirklich für unsere Kinder bedeuten mag, wenn wir sie bitten, „nett zu sein".

„Sag, dass es dir Leid tut!" – aber meint Ihr Kind es wirklich?

Ihre vierjährige Tochter nimmt ihrer Schwester ein Spielzeug weg; Ihr Fünfjähriger beleidigt einen Freund, der zu Besuch kommt, mit einem Schimpfwort; Ihr Sechsjähriger schlägt seinen jüngeren Bruder. Es gibt viele Methoden, solche Verhaltensweisen bei Kindern zu ändern. „Das ist aber nicht nett. Sag, dass es dir Leid tut."

Gut möglich, dass Ihr Kind sich rasch fügt und behauptet, es tue ihm Leid – und Sie glauben, damit sei die Sache in Ordnung. Aber ist sie das wirklich?

Andere Kinder sagen ganz mechanisch „Es tut mir Leid". Sie schlagen oder hänseln einen anderen und ersparen sich dann, angebrüllt zu werden, indem sie sich entschuldigen.

Kinder lernen sehr schnell, dass dies eine hervorragende Möglichkeit sein kann, einer Bestrafung aus dem Weg zu gehen.

Fragen Sie sich selbst: Empfindet Ihr Kind echtes Mitgefühl? Ist es in seinem Inneren wirklich traurig darüber, dass es einen anderen Menschen vielleicht verletzt hat oder die Verantwortung dafür trägt, dass der sich schlecht fühlt? Denn genau das ist das Ziel – nicht das Nachplappern Ihrer Worte.

Um Ihrem Kind zu helfen, Mitgefühl zu entwickeln, sollten Sie es fragen, wie seine Freunde oder Geschwister sich wohl fühlen mögen, wenn es ihnen etwas wegnimmt, sie schlägt oder hänselt.

Ein vierjähriger Junge überraschte mich, als er erwiderte: „Ich bin traurig, wenn ich meinen Bruder verletzt habe."

Nehmen Sie diesen Faden auf, indem Sie fragen: „Was kannst du tun, damit du dich nicht traurig fühlst?"

Sagt ein Kind „Es tut mir Leid", wenn es ihm befohlen wird, so kommt der Impuls von außen. Kinder, die sich über ihre eigenen Gefühle und die anderer Leute Gedanken machen, werden nicht den Wunsch verspüren, sich selbst oder andere zu verletzen. Diese Haltung kommt von innen.

Dasselbe Prinzip gilt auch für Situationen, in denen ein Kind einem anderen etwas wegnimmt. Manchmal gewöhnen sich Kinder an, Dinge mitgehen zu lassen – sie nehmen eine Halskette aus dem Zimmer ihrer Schwester an sich oder stibitzen einfach etwas Geld aus dem Schreibtisch ihrer Eltern. Die elfjährige Shelly nahm sich häufig Stifte und andere kleine Gegenstände von ihren Klassenkameraden, ohne sie vorher um Erlaubnis zu fragen. Jedes Mal, wenn man sie erwischte, wurde sie zur Schulleiterin geschickt und musste zur Strafe nachsitzen. Eines Tages sagte sie zu ihrem Lehrer, nun wolle sie nicht mehr stehlen, weil sie nicht erwischt werden wolle. Ihr Lehrer war entzückt. Die Schulleiterin ebenso. Ich hingegen nicht.

> Sagt ein Kind „Es tut mir Leid", wenn es ihm befohlen wird, so kommt der Impuls von außen. Kinder, die über ihre eigenen Gefühle und die anderer nachdenken, werden nicht den Wunsch verspüren, sich selbst oder andere zu verletzen. Diese Haltung kommt von innen.

Ich war der Meinung, dass der Lehrer und die Schulleiterin sich auf die „falsche" Hälfte des von Shelly geäußerten Satzes konzentrierten, in dem das Mädchen gesagt hatte, es wolle nicht mehr stehlen. Obwohl das immerhin ein Anfang war, zeigte es doch, dass Shelly noch immer nur an sich selbst dachte und daran, was ihr passierte. Sie dachte weder an ihre Opfer noch daran, was die Bestohlenen empfinden mochten. Vielleicht würde Shelly fröhlich weiterstehlen, sobald sie herausgefunden hätte, wie sie vermeiden konnte, erwischt zu werden.

Wie kann Shelly lernen, Mitgefühl mit ihren Opfern zu entwickeln, damit sie nicht weiterhin nur an sich selbst denkt? Wir könnten ihr folgende Fragen stellen:

„Was geschieht wohl, wenn du anderen Leuten Dinge wegnimmmst, ohne sie vorher zu fragen?"
„Wie fühlen sie sich dann wohl?"
„Wie würdest du dich fühlen, wenn man dir etwas wegnehmen würde?"

Und gegebenenfalls:

„Was könnte wohl passieren, wenn deine Klassenkameradin das Buch (oder den anderen gestohlenen Gegenstand) nun nicht mehr hätte, das sie aber dringend benötigt, um ihre Hausaufgaben machen zu können?"

Kinder können bereits mit vier Jahren verstehen, dass es jemanden verletzt, wenn man ihm etwas wegnimmt. Als ich Kinder dieser Altersgruppe fragte: „Was würde wohl passieren, wenn ein Kind seiner Mutter den Regenschirm in einem Augenblick wegnehmen würde, wo sie gerade nicht hinschaut?", antworteten einige ganz schlicht: „Sie wäre wütend" oder „Sie würde dem Kind den Hintern versohlen" oder „Sie würde sagen: ‚Es ist nicht nett, jemandem etwas wegzunehmen.'"

Andere waren imstande zu begreifen, dass „Mami nass (wird), wenn es regnet". Kinder, die an diejenigen denken, die ihr Verhalten betrifft, sind also weniger geneigt, andere zu verletzen, selbst wenn sie nicht erwischt werden. Diese Kinder haben gelernt, was Mitgefühl wirklich bedeutet. Eine Strategie, es Ihrem Kind nahezubringen, besteht darin, ihm zu zeigen, dass Sie sein Verhalten missdeuten können, und ihm dann verstehen zu geben, wie Sie sich wirklich fühlen, wenn das geschieht. Der Mutter des neunjährigen Jason bot sich die Gelegenheit, genau das zu tun. Er verbrachte den Tag mit ihr in ihrem Büro. Wie zu erwarten gewesen war, wurde er am späten Vormittag zappelig und fing an, um ihre Aufmerksamkeit zu werben. Seine Mutter versuchte ihm klar zu machen, dass sie sehr viel zu tun hatte, und schlug ihm vor, doch ins angrenzende Zimmer zu gehen und dort in den Büchern zu blättern, die er mitgebracht hatte. Daraufhin sagte Jason: „Tut mir Leid, dass ich dich gestört habe", und zog sich gehorsam zurück.

Seine Mutter meinte, ihr Sohn habe begriffen, dass sein Verhalten sie von der Arbeit abhielt, und war erfreut, dass er sie so bereitwillig in Ruhe ließ. Doch Jason interpretierte das ganz anders. Er glaubte, sie habe ihn deshalb „vertrieben", weil ihr „ihre Arbeit wichtiger ist als ich."

Jason kam auf eine einzigartige Idee, dieses Problem zu lösen. Anstatt ein Buch zu lesen, schrieb er seiner Mutter einen Brief, in dem er ihr mitteilte, dass er nicht vorgehabt hatte, sie von der Arbeit abzuhalten, sondern nur ein Weilchen mit ihr hatte reden wollen. Während der Junge seine Gedanken aufs Papier brachte, begriff er allmählich, dass seine Mutter tatsächlich eine Menge Arbeit zu erledigen hatte – deshalb war sie ja hier – und dass er einen Weg finden musste, seine Bedürfnisse mit ihren in Einklang zu bringen. Alle diese Gedanken brachte er in den Brief ein.

Als die Mutter den Brief las, war sie sehr gerührt und begann, Jasons Verhalten in einem neuen Licht zu sehen. „Vielleicht schenke ich meinem Sohn nicht genug Aufmerksamkeit", dachte sie. Sie schlug ihm vor, sich beim Mittagessen einmal richtig ausführlich mit ihm zu unterhalten. Bei dieser Gelegenheit sagte die Mutter ihrem Sohn dann, es tue ihr aufrichtig Leid, dass es den Anschein gehabt habe, sie wolle ihn nicht beachten. Und Jason entschuldigte sich ernsthaft dafür, dass er sie gestört hatte. Im Laufe dieses Gesprächs wurden Jason nach und nach die Bedürfnisse seiner Mutter bewusst, und sie verstand nun seine besser.

Kinder, die wirklich etwas bedauern, sind imstande, über die Gefühle und Standpunkte anderer Menschen nachzudenken. Dagegen denken Kinder, die nur „tut mir Leid" sagen, bloß an sich selbst und fügen sich, um uns nörgelnde, fordernde Erwachsene loszuwerden. Wollen wir das wirklich?

Wie man Kinder anleitet, hilfsbereit zu sein und sowohl geben als auch nehmen zu können

Ist Ihr Kind imstande, den Wert des Geldes zu begreifen? Gibt es sein Taschengeld zu schnell aus und will dann noch mehr? Sind Streitigkeiten um Geld mittlerweile die Hauptursachen für Konflikte zwischen Ihnen und Ihrem Kind?

In manchen Familien redet man nicht gern über Geld. Aber je früher Ihr Kind seinen Wert und seine Bedeutung zu erfassen beginnt, desto besser.

Jamie, acht Jahre alt, lernt gerade, den Wert des Geldes zu verstehen – auf ganz altmodische Weise: Er verdient es sich selbst. Seine Eltern haben sich da etwas sehr Interessantes einfallen lassen:

Immer wenn Jamie Geburtstag hat, bitten sie ihn, drei seiner Spielsachen, mit denen er nicht mehr spielt, auszusortieren und sie neben die Tür zu legen. Seine Eltern warten drei Tage lang, in denen ihr Sohn seine Meinung noch ändern und eine oder auch alle Spielsachen wieder zurücknehmen kann.

Danach sagen die Eltern dann jedes Mal zu ihrem Sohn: „Du bekommst zum Geburtstag neues Spielzeug. Glaubst du, andere Kinder könnten Spaß daran haben, mit den Sachen zu spielen, die du nicht mehr benutzt?"

Wenn Jamie zustimmt, bringen sie das Spielzeug gemeinsam mit ihm zu einem Secondhandladen.

Sobald die Sachen verkauft sind und man sie davon in Kenntnis gesetzt hat, kehren sie in den Laden zurück, holen sich den Scheck ab, gehen auf die Bank und zahlen das Geld auf Jamies Konto ein. Die Eltern haben dem Jungen erklärt, wie wichtig es ist, Geld zu sparen für Dinge, die man jetzt oder auch später haben möchte.

Das praktizieren sie nun so seit Jamies sechstem Geburtstag. Ganz besonders gefällt mir daran, dass der Junge dadurch nicht nur lernt, wie wichtig Sparen und Zukunftsplanung sind, sondern dass er dabei auch etwas über das Geben erfährt.

Es gibt noch viele andere Methoden, ein Kind anzuregen, übers Geldverdienen und Sparen nachzudenken, und außerdem darüber, wie wichtig es ist, anderen Menschen zu helfen. Oft sind die Ferien eine geeignete Zeit, solche Denkanstöße zu fördern. Wenn ein Kind – wie Jamie – daran gewöhnt ist, dass Spielsachen wiederverwendet werden, dann ist es nur ein kleiner Schritt weiter, es zu fragen, ob es die Kleider, aus denen es herausgewachsen ist, nicht vielleicht einer gemeinnützigen Organisation geben möchte, die Bedürftigen hilft, oder auch ihm vorzuschlagen, es möge seine Schulklasse dazu anregen, eine Lebensmittelsammlung zu veranstalten und sie anschließend einer örtlichen Essensausgabe für Bedürftige zu überreichen. Was immer Ihr Kind zu tun beschließt – sprechen Sie mit ihm über die Menschen, denen es helfen möchte. Diskutieren Sie mit ihm darüber, warum manche Menschen im Rollstuhl sitzen oder warum es Leute gibt, die Kleiderspenden von Fremden benötigen. Sie können auch einmal thematisieren, warum manche Menschen obdachlos sind.

Bitten Sie Ihr Kind doch einmal, Menschen aufzuzählen, die Hilfe brauchen, und Vermutungen darüber anzustellen, warum das wohl so ist. Solche Gespräche fördern Mitgefühl – die Fähigkeit, sich aufrichtig um andere Menschen Gedanken zu machen, die weniger vom Glück begünstigt sind als man selbst. Und kein Kind ist zu klein dafür. Schon ein Vierjähriger kann ein Bild für einen Verwandten malen, der im Krankenhaus liegt. Sprechen Sie mit Ihrem Kind darüber, welche Hobbys der Betreffende hat oder was er bei seiner Arbeit tut oder ob er eine ganz bestimmte Speise mag. Dann kann sich Ihr Kind leichter vorstellen, was es malen oder schreiben soll.

Einmal, während der Ferienzeit, machte mir die siebenjährige Tochter meines Cousins ein Geschenk. Da sie wusste, wie viel ich für Tennis übrighabe, schrieb sie mir folgende Geschichte: „Myrnas geheimer Traum war es, ein Tennisball zu sein, aber sie hatte Angst, sie könnte sich verletzen, wenn sie geschlagen würde. Also fabrizierte sie einen großen Tennisball, in den sie hineinpasste; auf diese Weise spürte sie nichts, wenn sie hin und her geschlagen wurde. Dann traf sie einen Mann in einem Tennisanzug, und sie spielten für alle Zeiten zusammen Tennis."

Diese Geschichte bedeutet mir viel, weil ich weiß, dass das Mädchen dabei wirklich an mich gedacht hat.

Kindern verschafft es ein gutes Gefühl, wenn sie sehen, dass andere sich über die Geschenke, die sie machen, tatsächlich freuen. Und auch Sie sind dann stolz auf Ihr Kind.

Helfen Sie Ihrem Kind, Verständnis für Behinderte zu entwickeln

Vielleicht kennt Ihr Kind jemanden – einen Klassenkameraden oder einen Nachbarn –, der eine körperliche oder geistige Behinderung hat. Reagiert das Kind mit Unbehagen, wenn es ein anderes Kind im Rollstuhl oder an Krücken sieht? Starrt es hin, wenn jemand unkontrollierbares Verhalten an den Tag legt, wie beispielsweise nervöses Muskelzucken? Oder ist Ihr Kind von solchen Dingen nicht weiter beeindruckt? Würde es ihm nichts ausmachen, mit einem behinderten Kind befreundet zu sein?

Je mehr Zeit Ihr Kind mit einem behinderten Kind verbringt, desto wohler wird es sich höchstwahrscheinlich in seiner Gegenwart fühlen. Wenn die beiden sich gegenseitig kennen lernen und gemeinsam Beschäftigungen nachgehen, die Spaß machen, wird ihnen bewusst werden, wie ähnlich sie sich doch sind. Zu diesem Zweck wurde in Philadelphia ein einzigartiges Programm durchgeführt: Schüler aus der dritten und vierten Klasse einer Schule für Kinder mit Gehirnlähmung studierten gemeinsam mit Kindern aus einer unabhängigen Quäkerschule eine musikalische Darbietung ein. „Diese Zusammenarbeit ermöglicht Kindern zu sehen, was Jugendliche mit körperlichen Behinderungen leisten können, und konzentriert sich nicht nur auf das, was sie nicht können", sagt Mindy Olimpi, Koordinatorin des Projekts.

Als ich eine Probe besuchte, konnte ich mich selbst davon überzeugen, wie gut die Kinder aus den beiden Schulen miteinander umgingen und zusammenarbeiteten. Jugendliche in Rollstühlen tanzten im Rhythmus zu den Klängen, manchmal unterstützt von Kindern ohne Behinderung, manchmal auch allein; und sie sangen oder, wenn sie dazu nicht in der Lage waren, machten Töne mit Hilfe eines Kommunikationsgeräts. Aber nicht so sehr was sie taten, berührte mich. Vielmehr war es, wie die Kinder lächelten und laut lachten und wie die jeweiligen Gesangspartner miteinander harmonierten. Ich konnte eine tiefe Verbundenheit bei vielen der Paare spüren und ahnen, wie viel diese Verbindung beiden bedeutete.

Aber diese Verbundenheit war nicht immer sofort da gewesen. Erica, eine zehnjährige Schülerin von der Quäkerschule, war „zuerst ein bisschen ängstlich" gewesen, begriff aber bald, dass die Kinder von der Behindertenschule „jeden Tag mit Frust fertig werden müssen. Sie sehen andere Kinder und denken ‚Das kann ich alles nicht.' Das muss schwer sein. Jetzt habe ich weniger Scheu vor ihnen." Sie hat gelernt, dass die Kinder der Behindertenschule vieles können, zum Beispiel im Kunstunterricht malen – wenn nicht mit den Händen, dann mit den Füßen. Die meisten Kinder der Behindertenschule können außerdem mit Zahlen und Buchstaben umgehen. Erica hat darüber hinaus durch die Erfahrung schätzen gelernt, was sie selbst alles kann, und last not least ist ihr bewusst geworden, wie sich ihre Klassenkameraden fühlen müssen, wenn man sich über sie lustig macht.

Auch die Schüler der Behindertenschule genossen das Erlebnis. Die zwölfjährige Rhonda war nervös, bevor die Kinder von der Quäkerschule zum ersten Mal in ihre Schule kamen, weil „ich zuerst nicht wusste, ob sie mich gern haben würden". Aber nachdem sie über ihre Empfindungen gesprochen hatte, fühlte sie sich besser. Sie liebt den Austausch, „weil ich irgendwo dazugehöre und mehr unter Menschen bin". Und mit einem gewinnenden Lächeln fuhr Rhonda fort: „Ich mag das, was wir hier tun, und ich liebe dieses Singen und Tanzen." Aber am wichtigsten sei es, fügte sie hinzu, „... dass wir genau dieselben Dinge tun können wie die anderen Kinder. Wir sind ganz normale Menschen."

Inzwischen gibt es die Tendenz, den Unterricht zunehmend integrativ zu gestalten. Insofern ist es durchaus möglich, dass Ihr Kind täglich in Kontakt mit einem Schulkameraden kommt, der eine körperliche oder geistige Behinderung hat. Um Ihrem Kind zu helfen, sich in seiner Gegenwart nicht gehemmt zu fühlen, können Sie ihm zum Beispiel folgende Fragen stellen:

„Was, glaubst du, hat dieses Kind für Vorstellungen, wenn es in die Schule kommt?"

„Wie wird dieses Kind von den anderen Kindern deiner Klasse behandelt?"

„Wie wirkt das wohl auf das Kind?"

„Was kannst du tun oder sagen, wenn es Hilfe braucht?"

Fragen wie diese halfen der elfjährigen Lily, deren Klassenkamerad Doug unter dem Tourette-Syndrom litt, einer neurologischen Krankheit, deren Merkmale rasch und häufig auftretende unwillkürliche Muskelzuckungen, Tics oder Lautäußerungen sind. Nicht nur nannten manche Kinder Doug „Gummigesicht", wenn seine Muskeln zuckten, sondern sie klagten auch, er singe zu laut und dazu ständig dasselbe. „O nein, nicht schon wieder", rief eine Klassenkameradin in der Musikstunde immer aus, wenn Doug zu singen begann.

Nachdem Lily über die oben angeführten Fragen nachgedacht hatte, empfand sie mehr Mitgefühl mit Doug und sagte zu dieser Klassenkameradin: „Das ist nicht fair. Gib ihm eine Chance. Vielleicht singt er heute mal etwas anderes." Doug hörte diesen Vertrauensbeweis, und das stärkte seinen Entschluss: Er wollte versuchen, mindestens fünf Noten eines neuen Liedes zu singen. Nachdem ihm das gelungen war, schüttelte er Lily die Hand und lächelte sie an. Lily musste die anderen Kinder nur noch ein einziges Mal diesbezüglich ansprechen; danach hörten sie auf, Doug zu hänseln.

Egal, ob es durch ein organisiertes Programm wie der oben beschriebenen Schulpartnerschaft geschieht, oder indem man Kindern hilft, sich vorzustellen, wie andere denken und fühlen – nicht behinderte Kinder können begreifen, dass behinderte Kinder dieselben Gedanken, Gefühle und Hoffnungen haben wie sie selbst und in ihrem Inneren genauso sind wie sie.

Nachdem ich mit Erica, Rhonda und Lily gesprochen hatte, war ich sehr bewegt. Auch Sie werden es sein, wenn Sie Ihrem Kind helfen, einen Schritt auf jene zuzugehen, die mit Problemen leben müssen, die wir vielleicht auf den ersten Blick nicht verstehen.

Fünftes Kapitel

Selbstachtung und das Gefühl der Kontrolle

Loben oder nicht loben?

Ihr sechsjähriger Sohn hat ein Bild gemalt, auf dem ein Hund zu sehen ist. Als er es Ihnen zeigt, sagen Sie: „Das ist aber schön. Du bist ja ein richtiger Künstler."

Ihr zehnjähriger Sohn hat eine sehr gute Note für seine Mathematikarbeit bekommen. Sie sagen zu ihm: „Du bist wirklich intelligent."

Ihre zwölfjährige Tochter hat in dem ersten Fußballspiel, an dem sie teilnahm, ein Tor geschossen. Sie sagen: „Gut gemacht! Ich bin sehr stolz auf dich."

Diese Reaktionen sind ganz natürlich. Wenn wir sehen, dass unsere Kinder stolz auf ihre Leistungen sind, dann sind auch wir stolz. Wir wollen sie in ihrem Tun bestärken. Denn das gibt ihnen den Ansporn, sich erneut anzustrengen und beharrlich zu sein.

Aber verschafft Ihren Kindern ein solches Lob wirklich ein gutes Gefühl? Die Antwort ist etwas komplizierter, als Sie vielleicht erwarten würden.

Einerseits ist es natürlich schön für Kinder. Wir alle hören gerne Lob, und Kinder müssen sich über ihre Leistungen freuen können.

Aber zu viel Lob kann den gewünschten Effekt unterminieren. Anstatt Kindern zu einem guten Selbstwertgefühl zu verhelfen, kann es sie auch beunruhigen. Nehmen wir einmal an, Jamal bekommt eine Eins in der Mathematikarbeit, und seine Eltern sagen daraufhin: „Wie klug du bist. Wir sind richtig stolz auf dich." Das bringt unter Umständen eine ziemliche Belastung mit sich, denn möglicherweise fängt der Junge an, sich darüber Sorgen zu machen, was künftig von ihm erwartet wird. „Was ist, wenn ich nächstes Mal nur eine Zwei schreibe?", fragt er sich vielleicht bang. „Werden meine Eltern mich dann immer noch für so klug halten?"

„Als ich Kind war, sagten mir meine Eltern ständig, wie klug und schön und kreativ ich wäre", erzählte mir eine Frau, die heute selbst Mutter ist. „Als ich dann zehn Jahre alt war, hatte ich Angst, etwas Neues auszuprobieren. Ich hielt mich an die Dinge, die ich konnte. Das war weniger riskant. Ich hatte zu große Angst, ich könnte versagen und mich schlecht fühlen – und außerdem meine Eltern enttäuschen."

Darüber hinaus besitzen Kinder eine ausgeprägte Sensibilität für etwas, das sie als falsch und übertrieben wahrnehmen. Wenn Sie zu einem Kind sagen: „Du bist ein richtiger Künstler", dann meinen Sie es ernst, obwohl Sie vermutlich zu dick auftragen. Aber Kinder nehmen die Dinge manchmal sehr wörtlich. Vielleicht denkt Ihr Kind: „Was sagt meine Mutter/mein Vater da? Ich weiß doch, was ein Künstler ist – ein Mensch, der Bilder malt, die dann in Ausstellungen und Katalogen zu sehen sind. So gut bin ich nicht!" Infolgedessen wird Ihr Kind Ihrem Urteil künftig eher misstrauen.

Aber vielleicht ist das kniffligste Problem beim Zuviel-Loben, dass Kinder dann anfangen, Dinge zu tun, um *Ihnen* zu gefallen, statt, um sich selbst zu gefallen. Sie werden von äußeren Faktoren – Ihrem Lob – motiviert, statt von ihrem eigenen Wunsch, etwas gut zu machen, oder von dem Spaß, der mit der Sache verbunden ist.

Hier sind einige Vorschläge, wie Sie mit Ihrem Kind über seine Leistungen sprechen können, damit es sich geachtet fühlt:

„Du hast wirklich sehr viel gearbeitet. Was für ein Gefühl gibt dir das jetzt?"
„Erzähl mir noch mehr über dein Bild (deine Klassenarbeit, das Fußballspiel)."
„Was hast du dir dabei gedacht, als du den Hund gezeichnet hast (bzw. als du die Klassenarbeit geschrieben, das Tor geschossen hast)?"

Durch solche Kommentare lenken Sie die Aufmerksamkeit Ihres Kindes auf seine Gefühle und Gedanken, statt auf seine Leistung. Indem Sie den Prozess und nicht das Endergebnis hervorheben, wird Ihr Kind allmählich begreifen, dass das Bemühen und die Anstrengung an sich zählen.

Die Gewohnheit abzulegen, immer schnell ein Lob parat zu haben, ist vielleicht nicht leicht. Aber wenn Sie das nächste Mal versucht sind, ganz automatisch zu sagen: „Das ist ja toll!", sollten Sie sich selbst bremsen. Lassen Sie Ihr Kind stattdessen erzählen, was es getan hat und wie es sich fühlt. Das ist besser für Sie beide.

Jedem Kind seine Nische

Haben Sie ein Kind, das gut in Musik ist und fast jedes Instrument spielen kann, das es in die Hand nimmt? Ist es intellektuell begabt? Ist es ein ausgezeichneter Sportler?

Vielleicht haben Sie noch ein anderes Kind, das keine überragenden Leistungen bringt, das weniger Auszeichnungen erhält und niemals irgendwo zu brillieren scheint. Ist dies der Fall, dann machen Sie sich vermutlich Sorgen, es könnte eifersüchtig auf sein begabteres Geschwister sein.

Vor kurzem traf ich Beth, ein zehnjähriges Mädchen, eine Einser-Schülerin, die sich in ihrem Volleyball-Team auszeichnete und außerdem noch Klavier spielte. Doch sie war nicht glücklich, hauptsächlich deshalb, weil sie auf ihren jüngeren Bruder eifersüchtig war, der Geige spielte und darin so talentiert war, dass er von einem Meister unterrichtet wurde.

Beths Eltern wussten, dass ihre Tochter sehr begabt war, hatten aber keine Ahnung, wie sie ihr helfen sollten, ihre Talente auszuleben. Hier sind einige Vorschläge, wie man einem solchen Kind dabei helfen kann:

Anstatt Ihr Kind dazu anzuregen, in die Fußstapfen seines talentierten Geschwisters zu treten, sollten Sie es ermutigen, sich ein anderes Hobby oder Musikinstrument, eine bestimmte Kunstart oder ein Lernangebot in der Schule zu suchen. Manchmal kann man das Interesse des Kindes für ein Gebiet wecken, indem man es bei einem besonderen Vorhaben – beispielsweise bei einem Wissenschaftswettbewerb – unterstützt. Seien Sie kreativ, wenn Sie über Möglichkeiten nachdenken. Zeigt Ihr Kind kein Interesse an dem üblichen Volleyball und Fußball, dann stellen Sie ihm andere attraktive Sportarten, wie Badminton, Schwimmen oder Hockey vor.

Lassen Sie Ihr Kind wissen, dass es nicht „perfekt" zu sein braucht. Schließlich wollen Sie in erster Linie, dass es eine Beschäftigung findet, die ihm ermöglicht, ein gutes Selbstwertgefühl zu entwickeln. Üben Sie hingegen zu viel Druck auf das Kind aus, „herausragend zu sein", zu gewinnen oder jeden Tag zu üben – egal was –, so kann dies die gegenteilige Wirkung haben: Das Kind wird eine schlechte Meinung von sich selbst und der jeweiligen Beschäftigung bekommen und das Interesse daran verlieren.

Beths Eltern nahmen ihre Tochter eines Samstagmorgens mit zur örtlichen Volkshochschule, damit sie einen Rundgang machen und sich all die verschiedenen Aktivitäten, die dort stattfanden, anschauen konnte. Die Töpferwerkstatt gefiel ihr ganz besonders, daher schrieben ihre Eltern sie für einen Töpferkurs ein. Jetzt ist die Töpferwerkstatt der Ort, wo Beth sich am liebsten aufhält. Sie strahlt, wenn sie sich dorthin aufmacht. Sie macht sich keine Sorgen darum, ob sie genügend vorbereitet ist oder ob sie die Beste ist. Sie liebt es einfach, Dinge zu entwerfen. Und was noch wichtiger ist: Dank des Töpferns hat sie eine neue Gruppe von Kindern getroffen und unter ihnen ein paar neue Freunde gefunden.

Beth hat ihre Nische gefunden. Wenn sie jetzt ihren Bruder Geige üben hört, vergeht sie nicht mehr vor Neid. Sie denkt an die nächste Töpferstunde. Sie lebt ihre eigene Kreativität aus.

„Kümmert sich jemand um mich?"

Wir alle möchten, dass unsere Kinder mitfühlende Menschen werden, die zu teilen bereit sind und andere Menschen nicht verletzen wollen. Legen wir jedoch *zu* viel Wert darauf, unseren Kindern beizubringen, dass sie teilen und auf die Gefühle anderer Rücksicht nehmen sollen, so kann dies das Gegenteil der gewünschten Wirkung zur Folge haben – möglicherweise fragen sich die Kinder dann, ob man sich eigentlich auch für ihre Belange interessiert.

Als der vierjährige Evan seinen Bruder schlug, sagte seine Mutter: „Evan, du darfst Roy nicht schlagen. Roy will nicht geschlagen werden. Jetzt sag, dass es dir Leid tut." Gehorsam entschuldigte sich Evan.

Eine andere Mutter trat gerade in dem Augenblick ins Zimmer ihres sechsjährigen Sohnes, als der seinem Freund ein Spielzeug wegnahm. Diese Mutter sagte: „Du solltest deine Spielsachen mit anderen teilen." Nun regte sich ihr Sohn auf, denn er war der Ansicht, dass er sehr wohl sein Spielzeug geteilt hatte – das Problem war, dass sein Freund es ihm nicht zurückgeben wollte.

Diese Mütter dachten, sie würden ihren Söhnen beibringen, wie man den Gefühlen der anderen Beachtung schenkt. Aber in beiden Fällen kamen sich die Kinder mit ihren negativen Gefühlen allein gelassen vor.

Ehe Sie die Aufmerksamkeit Ihres Kindes darauf lenken, wie eine andere Person sich fühlt, sollten Sie sich auf *seine* Gefühle konzentrieren. Um herauszufinden, was in ihm vorgeht, könnten Sie beispielsweise fragen:

„Was geschah unmittelbar bevor du deinen Bruder geschlagen (bevor du das Spielzeug weggenommen) hast?"
„Was ist dann passiert?"
„Wie hast du dich gefühlt, als ihr angefangen habt, euch zu streiten?"

In der Frage, wie das Kind sich fühlt, steckt sehr viel Dynamik. Wenn wir wollen, dass unsere Kinder auf andere achten, dann müssen sie zuerst einmal auf sich selbst achten. Kinder, deren Bedürfnisse befriedigt werden und die ihre Spannungen mit der Hilfe ihrer Eltern abbauen können, sind nicht von unerfüllten Bedürfnissen in Anspruch genommen und können daher auf die Emotionen anderer

Menschen eingehen. Sie können anderen etwas geben und etwas für andere tun, weil sie spüren, dass man sich um sie kümmert, dass sie sicher und geborgen sind. Und wie Nancy Eisenberg, Autorin des Buches *The Caring Child* uns zeigt, sind diese Kinder empathischer und beliebter und haben mehr Selbstachtung.

Und so können Sie Ihrem Kind zeigen, wie wichtig Ihnen seine seelische Befindlichkeit ist:

- Vermeiden Sie disziplinarische Methoden, die das Kind ängstigen oder wütend machen. Anbrüllen, Drohungen und andere Dominanz demonstrierende Strategien erschweren es Ihrem Kind, auf Ihre Gedanken und Gefühle zu achten. Und da es unter Druck steht, wird es zudem gar nicht imstande sein, sich auf Ihre Anweisungen zu konzentrieren, und damit auch nicht tun, was Sie wollen.
- Teilen Sie Ihre eigenen Gedanken und Gefühle mit – sowohl Ihre gegenwärtigen als auch die, die Sie in Ihrer eigenen Kindheit hatten. Damit zeigen Sie Ihrem Kind, wie sehr Sie auf Ihre eigenen Gefühle achten und dass es auch über seine Gefühle nachdenken sollte.
- Respektieren Sie die Bedürfnisse Ihres Kindes. Wie Paul Light, Autor des Buches *The Development of Social Sensitivity* veranschaulicht, kommt ein Kind, das erklärt, es könne Ihrer soeben ausgesprochenen Bitte momentan nicht nachkommen, weil es gerade mit etwas ganz Bestimmtem beschäftigt sei, und daraufhin hört: „Doch, tu das jetzt sofort!", möglicherweise zu der Annahme, dass seine Mutter seine Bedürfnisse nicht für wichtig erachtet und ihre eigenen über seine stellt. Wenn Sie meinen, Ihr Kind sei wirklich beschäftigt und bringe nicht einfach eine Ausrede vor, um seine Spielzeit hinauszu-

zögern, dann sollten Sie ihm zu verstehen geben, dass es das, worum Sie es gebeten haben, erledigen kann, nachdem es seine derzeitige Beschäftigung beendet hat. Sie selbst lieben es ja auch nicht, wenn man Sie in Ihrer Beschäftigung unterbricht.

Doch es ist auch möglich, dass Ihr Kind lediglich gedankenlos ist. Eine Sechsjährige war in ihr Videospiel vertieft und überhörte deshalb, als ihre Mutter verkündete, das Abendessen sei fertig. Es schien sie nicht zu stören, dass die ganze Familie auf sie wartete. Wenn so etwas einmal geschieht, dann können Sie Ihr Kind fragen: „Was könnte passieren, wenn du jetzt nicht zum Abendessen kommst?"

Wenn das Kind antwortet: „Dann kriege ich kein Abendessen" – etwas, was es vielleicht schon zuvor einmal gehört hat –, dann sollten Sie die Frage stellen: „Was könnte sonst noch passieren?" Versuchen Sie, Ihr Kind auf eine Schlussfolgerung zu bringen, die mehr Mitgefühl impliziert. Um ihm zu helfen, können Sie fragen: „Was könnte mit dem Essen passieren, wenn man es zu lange unberührt stehen lässt?" Sie können hinzufügen: „Wir möchten gerne im Familienkreis essen. Wir hätten gerne, dass du dich zu uns setzt. Wie wird sich die übrige Familie wohl fühlen, wenn wir alle zu lange warten müssen, bis wir mit dem Essen anfangen können?" Und dann setzen Sie hinzu: „Wie würdest *du* dich fühlen, wenn dir das passieren würde?"

Kinder, die das Gefühl haben, dass sich „niemand um sie kümmert", haben zuweilen auch den Eindruck, sie seien „nicht wichtig" und verfügen deshalb nur über eine geringe Selbstachtung. Es kann durchaus sein, dass sie, um Aufmerksamkeit zu bekommen, auf andere losgehen und sie verletzen, da sie mehr an sich selbst denken als an den Menschen, den sie verletzen. Oder sie distanzieren sich und ziehen sich zurück, aus Angst, sich anderen zu nähern, die „keine Rücksicht nehmen". Ebenso ist es möglich, dass sie einfach gedankenlos bleiben und sich auch weiterhin nicht um andere kümmern, die sich „ja auch nicht um sie kümmern".

Um Ihrem Kind zu helfen, mit seinen eigenen Gefühlen ins Reine zu kommen – die beste Voraussetzung, damit es später für andere Sorge trägt –, sollten Sie es fragen, wie es bestimmte Dinge empfindet, auch und gerade dann, wenn das Kind sich unsozial verhalten hat, beispielsweise jemanden angebrüllt oder auf andere keine Rücksicht genommen hat. Sie vermitteln ihm damit die wichtige Botschaft: „Es ist mir wichtig, wie du dich fühlst, und ich möchte, dass es auch dir wichtig ist."

„Ich schaffe das!"

Glauben Sie, dass Ihnen positive Dinge geschehen, weil Sie hart dafür gearbeitet haben, oder vielmehr, weil Sie eine Glückssträhne hatten?

Wenn jemand Sie missachtet, versuchen Sie dann herauszufinden, warum er das tut, oder gehen Sie einfach davon aus, dass Sie nichts daran ändern können?

Menschen, die ihren Erfolg dem Glück oder Bedingungen zuschreiben, die außerhalb ihrer Kontrolle liegen, statt ihren eigenen Anstrengungen, werden vermutlich weniger für das kämpfen, was sie im Leben wollen. Entsprechend dazu werden die Menschen, die andere für ihre Misserfolge oder für eine schwierige Situation verantwortlich machen, zu früh aufgeben, statt selbst aktiv zu werden, weil sie meinen, das, was geschieht, sei außerhalb ihrer Kontrolle.

Das gilt auch schon für Kinder. Schauen wir uns vier Schüler aus der sechsten Klasse an, die ein naturwissenschaftliches Projekt vorbereiten mussten. Zwei erhielten sehr gute Noten und zwei bekamen schlechte Noten, aber jeder interpretierte die Bewertung anders:

John bekam eine Eins für sein Projekt und war sehr stolz darauf. Er wusste, dass er sie bekommen hatte, weil er hart gearbeitet hatte und weil er die Note verdiente.

Auch Ben bekam eine Eins, aber er fand, er habe sie bekommen, weil das Projekt leicht gewesen sei. Ben war viel weniger stolz auf seine Einstufung als John, weil er der Meinung war, er habe nicht viel zu dem Erfolg beigetragen.

Susan bekam eine Sechs für ihr Projekt, aber sie fand die Note gerecht: Ihr war klar, dass sie nicht genug Zeit investiert hatte, um ihre Arbeit vorzubereiten.

Cody erhielt ebenfalls eine Sechs, aber sie war der Meinung, sie habe schlecht abgeschnitten, weil die Aufgabe zu schwer gewesen sei und weil der Lehrer – der sie, wie sie meinte, niemals gemocht hatte – sie nicht gerecht benotet habe. Kurz, Cody glaubte, sie habe keine Chance gehabt, sie habe nichts tun können, um eine bessere Note zu bekommen.

Obwohl John und Susan sehr unterschiedliche Noten für ihre Arbeiten erhielten, kamen beide zur gleichen Erkenntnis: Egal, welches Resultat sie hatten, sie wussten, dass sie handeln konnten, um etwas zu erreichen. Ben und Cody dagegen waren der Meinung, die Dinge würden ihnen einfach passieren.

Es gibt Dinge im Leben, die wir tatsächlich nicht kontrollieren können. Doch selbst mit diesen naturgegebenen Dingen können wir unterschiedlich umgehen. So war zum Beispiel Richard enttäuscht, als sein Fußballspiel wegen eines Schneesturms abgesagt wurde, aber er nahm sich für diesen Tag bestimmte Dinge für zu Hause vor, so dass er eine Menge erledigen konnte und danach sehr zufrieden war. Sein Mannschaftskamerad Bill schmollte und maulte den ganzen Tag, weil, wie er es ausdrückte „die Dinge nie so laufen, wie sie sollen“.

Die Forscher Stephen Nowicki und Marshall Duke sind der Ansicht, dass Kinder, die eine aktive Rolle in ihrem eigenen Leben spielen, ein besseres Selbstwertgefühl haben, sich mehr anstrengen, um ihre Ziele zu erreichen, weniger schnell frustriert sind und mehr Freunde haben. Darüber hinaus sind sie besser in der Schule. Wendy Roedell, Ron Slaby und Halbert Robinson behaupten, dass Kinder, die das Gefühl haben, die Dinge kontrollieren zu können, mehr Zeit für ihre Hausaufgaben aufwenden, und wenn eine Aufgabe schwierig ist, nicht gleich aufgeben.

Meine eigenen Forschungsarbeiten, die ich mit meinen Kollegen George Spivack und Jerry Platt durchführte, haben ergeben, dass Jugendliche, die selbst Strategien finden können, um die im Kontakt mit Gleichaltrigen und Autoritätspersonen auftretenden Probleme zu lösen, in der Regel erfolgreicher sind und mehr das Gefühl haben, Kontrolle über ihr Leben zu haben. Andererseits besteht die Gefahr, dass Kinder, die sich inkompetent fühlen und meinen, sie könnten nichts zum Gelingen der Dinge beitragen, anderen Menschen ihre Hilfe verweigern, weil sie glauben, sie seien gar nicht imstande, Hilfe zu leisten. Solche Kinder verfügen unter Umständen nur über ein beschränktes Repertoire an Lösungen, und falls diese nicht zum Erfolg führen, fühlen sie sich machtlos, weil sie keine weiteren Möglichkeiten sehen.

Hier sind ein paar Anregungen, wie Sie Ihre Kinder in der Überzeugung bestärken können, dass sie Dinge aus eigener Kraft erreichen können:

- Sagen Sie Ihren Kindern, wenn sie etwas gut gemacht haben, aber tun Sie es, ohne sie mit zu viel Lob zu überschütten, denn sonst fürchten sie, sie könnten Sie künftig vielleicht enttäuschen, oder erbringen die Leistungen nur Ihnen zuliebe.
- Lassen Sie sie ihre eigenen Entscheidungen treffen, wann immer es möglich ist, damit sie ihre aktive Rolle in dem, was geschieht, erkennen und sich noch mehr Mühe geben, jeweils richtig vorzugehen.
- Helfen Sie den Kindern, sich noch weitere Möglichkeiten auszudenken, wie sie ihre Ziele erreichen können, falls die ersten Pläne nicht zum erhofften Erfolg führen sollten.

Helfen Sie Ihrem Kind zu erkennen, dass seine Anstrengungen zu bestimmten Ergebnissen führen, und zu sehen, was es noch zusätzlich tun könnte, falls ein gewünschtes Resultat nicht eintritt. Dies wird das Kind in der Überzeugung bestärken, dass es Dinge aus eigener Kraft erreichen kann – statt zu glauben, die Dinge würden ihm einfach aus heiterem Himmel zustoßen.

Zweiter Teil
Wie aus Erziehungsproblemen Lösungen werden

Kinder, die Probleme lösen können, die zum gegenwärtigen Zeitpunkt wichtig für sie sind, werden auch später Probleme lösen können, die ihnen wichtig sind.

Sie bitten Ihre Tochter, Ihnen beim Geschirrspülen zu helfen, aber sie weigert sich, und als Sie Ihre Bitte wiederholen, gibt sie Ihnen eine freche Antwort, die Sie nach Luft schnappen lässt. Ihr Sohn ist schnell frustriert, wenn die Dinge nicht so laufen, wie er es sich vorgestellt hat, und außerstande, auf das, was er will, zu warten, aber er hat nicht die geringste Eile, etwas zu erledigen, was Sie ihm aufgetragen haben.

Kommt Ihnen das bekannt vor? Diese und ähnliche Verhaltensweisen sind bis zu einem gewissen Grad völlig normal. Die meisten Kinder benehmen sich häufig unvernünftig und verbringen eine Menge Zeit damit, ihre eigenen Grenzen – und auch die ihrer Eltern – auszutesten.

Doch solche Verhaltensweisen können auch sehr lästig werden. Und noch schlimmer ist die Tatsache, dass sie, wenn sie nicht kontrolliert werden, zu einer ernstzunehmenden Form aggressiven Benehmens führen können, die Kinder sozial isoliert. Und Kinder, die aggressiv, ungeduldig und impulsiv sind, laufen eher Gefahr, später, wenn sie älter sind, mit Drogen zu experimentieren, ungeschützten Geschlechtsverkehr zu praktizieren und gewalttätiges Verhalten an den Tag zu legen.

Natürlich werden nicht alle Kinder, die sich so benehmen, später einmal wirklich gravierende Probleme haben. Doch es ist wichtig, diese Verhaltensweisen im Keim zu ersticken. Nicht nur wird Ihr Kind dadurch eine glücklichere Kindheit erleben, sondern außerdem wird eine starke neue Bindung zwischen Ihnen und Ihrem Kind entstehen, die es für seine Teenagerjahre rüsten wird, in denen es nach und nach vor komplexere Probleme gestellt ist.

Im ersten Teil dieses Buches habe ich erörtert, wie man Kindern helfen kann, ihre Gefühle zu erkennen, auszudrücken und mit ihnen zurechtzukommen, und wie sie diese Emotionen nutzen können, um eine bessere Kontrolle über ihr Leben zu erlangen. Damit habe ich die Voraussetzungen für den zweiten Teil geschaffen, in dem ich zeigen werde, wie Kinder lernen können, diese Fertigkeiten im Alltag anzuwenden. Sobald sie das einmal tun, werden sie nicht nur weniger geneigt sein, ihre Gefühle auf irritierende Weise auszuagieren, sondern sie werden auch weniger Gefahr laufen, in ihrem späteren Leben wirklich ernsthafte Probleme zu entwickeln.

Ich werde verschiedene „Schauplätze" vorstellen, in denen häufig Konflikte auftreten. Bei den Kämpfen um das Zubettgehen oder gegen das leidige Aufschieben von größeren Hausaufgaben und bei der Wahl des geeigneten Moments, einen Gefallen zu erbitten, geht es ums *Timing*. Ein weiteres vertrautes Thema sind Streitigkeiten um Besitzansprüche: Wie teilt man Spielsachen, Zeit und Wohnraum miteinander? Damit Kinder verstehen, warum sie sich nicht gegenseitig verpetzen oder lügen sollen, müssen sie begreifen, was Aufrichtigkeit und Hilfsbereitschaft ist. Und dann ist da noch der Trotz, der mit zunehmendem Alter der Kinder stärker zu werden scheint. Wenn Sie merken, dass Sie allzu häufig zu Ihren Kindern sagen müssen: „Sei nicht so frech zu mir!", dann wird dieser Abschnitt Sie ganz besonders interessieren. All diese Probleme können nur dann zufriedenstellend geregelt werden, wenn Kinder lernen, die jeweilige Situation vom Standpunkt des anderen aus zu sehen.

Außerdem gibt es ein Kapitel über körperliche Aggression – wie man sich verhält, wenn ein Kind ein anderes schlägt, ihm Stöße gibt, ihm ein Spielzeug wegnimmt oder ihm auf andere Art und Weise körperlich etwas antut oder dies beabsichtigt – und eines über verbale Attacken, wo es darum geht, was man tut, wenn ein Kind ein anderes hänselt, beleidigt oder beschimpft.

Kürzlich hat eine weitere Form der Aggression, die die Beziehungen zwischen Menschen beeinträchtigt, unsere Aufmerksamkeit erregt. Diese Aggression manifestiert sich darin, dass Kinder über andere herziehen, böse Gerüchte über sie verbreiten oder sie zum Beispiel von Partys oder dem gemeinsamen Mittagstisch in der Schule ausschließen. Diese Art vorsätzlicher Manipulation oder absichtlicher Verletzung, die von der Psychologin Nicki Crick und ihren Kollegen von der University of Minnesota „Beziehungsaggression" genannt wird, beginnt im Alter von acht oder neun Jahren (obwohl ihre Vorläufer schon im Vorschulalter offenkundig werden können), tritt häufiger bei Mädchen als bei Jungen auf und ist weniger sichtbar als körperliche oder verbale Aggressionen. Lehrern und Eltern ist dieses unterschwellige Verhalten nicht immer bewusst. Doch eine derartige emotionale Aggression kann ebenso schmerzhaft, ja sogar noch schlimmer sein als Tritte gegen das Schienbein. Ein solcher Schmerz ist von längerer Dauer, weil er in der Seele wehtut. Und wenn Kinder seelisch leiden, kann es geschehen, dass sie einen Selbsthass entwickeln und mit der Zeit nicht mehr zur Schule gehen wollen.

Warum haben manche Jugendliche den Drang, schwächere Gleichaltrige, die sich nicht selbst verteidigen können, zu unterdrücken oder zu quälen? Manche versuchen, sich dadurch auf die einzige Art Respekt zu verschaffen, die sie kennen: die Einschüchterung. Manche haben vielleicht das Bedürfnis, die Kontrolle wiederzuerlangen, die man ihnen genommen hat. Das geschieht häufig in häuslichen Umfeldern, wo eine so strenge Disziplin herrscht, dass Kinder ihre Frustrationen zu lindern suchen, indem sie sich an ungefährlichen, weniger starken Gleichaltrigen abreagieren. Solche Kinder sind vermutlich selbst drangsaliert worden und benutzen die Aggression dann als eine Form der Rache.

Und was geschieht mit den Opfern der Aggression – mit jenen, die körperlich, verbal oder gefühlsmäßig angegriffen werden? Nicht nur leiden sie Qualen während ihrer Schulzeit, sondern manchmal ihr ganzes Leben lang, wie der Pädagoge John Hoover berichtet. Tatsächlich fanden Peter Smith und seine Kollegen heraus, dass Jugendliche, die in der Schule bedroht, gedemütigt, herabgesetzt oder auf andere Weise gemobbt wurden – insbesondere, wenn sie nicht (oder noch nicht) über Bewältigungsstrategien verfügten –, mitunter auch Jahre später noch an ihrem Arbeitsplatz schikaniert werden.

Beiden Seiten – den Tyrannen wie auch ihren Opfern – muss Beachtung geschenkt werden. Crick und andere Psychologen, wie Patricia Brennan und ihre Kollegen, haben herausgefunden, dass die Auswirkungen des Mobbing nicht von selbst verschwinden; sowohl die Täter als auch die Verfolgten leiden später oft unter psychischen Störungen, wie Ängsten oder Depressionen, oder agieren die Störungen aus, indem sie straffällig werden. Der Wissenschaftlerin Tonja Nansel und ihren Kollegen zufolge ist durchschnittlich eines von sieben amerikanischen Schulkindern von Aggression unter Kindern betroffen, agiert selbst aggressiv oder ist sowohl Opfer wie Täter. Deutsche Untersuchungen gehen davon aus, dass etwa 500000 Kinder in ihrem schulischen Umfeld zu Mobbing-Opfern werden. Die Jugendlichen, die ich für mein Buch *Raising a Thinking Preteen* interviewte, sagten aus, ihre größte Angst bestehe darin, gemobbt zu werden. Auch ihre Eltern machten sich deswegen

Sorgen – nicht so sehr, dass ihr Kind sich wie ein Tyrann verhalten könnte, sondern dass es Opfer eines solchen werden könnte. Und oft schweigen die Schikanierten in ihrer Angst.

Was können Sie tun? Eine ganze Menge. Die schwedischen Psychologen Hakan Stattin und Margaret Kerr fanden heraus, dass die Reaktionen der Eltern auf das Verhalten ihrer Kinder eine Schlüsselrolle darin spielen, wie Aggression und Gewalt eingedämmt werden. Sie haben drei Methoden ausgemacht, anhand derer Eltern ihre Kinder beobachten können:

1. Eltern können ihrem Kind Regeln auferlegen, was seine Aktivitäten und Gruppenzugehörigkeit angeht. Das kann aber dazu führen, dass Kinder dann zu Hause nicht mehr erzählen, was sie tun und treiben.
2. Eltern können bei ihrem Kind und den Freunden ihres Kindes Erkundigungen einholen. Aber Kinder nehmen diese Fragen oft als Verletzung ihrer Privatsphäre wahr.
3. Kinder können ihren Eltern spontan erzählen, was ihnen durch den Kopf geht – ohne gedrängt zu werden. Dieses Verhalten nennt man „Informationswilligkeit" des Kindes.

Die Ergebnisse sind eindeutig: Je mehr ein Kind freiwillig und spontan erzählt, was sich zuträgt, desto besser wissen die Eltern darüber Bescheid, wie sich ihr Kind verhält. Zudem neigen Kinder, die offen sprechen, weniger zu risikoreichem und antisozialem Verhalten. Die Wissenschaftler kommen zu dem Schluss, dass eine gute Eltern-Kind-Beziehung ein wechselseitiger Prozess aus Austausch und Zusammenarbeit ist, in dem die Jugendlichen „Vertrauen in ihre Eltern" entwickeln und „das Gefühl haben, dass ihre Eltern willens sind, ihnen zuzuhören, auf sie einzugehen und sie, wenn sie sich ihnen anvertrauen, weder lächerlich machen noch bestrafen".

In den folgenden Kapiteln werden Sie lesen, warum es manchen Kindern keine Schwierigkeit bereitet, mit ihren Eltern zu sprechen, während es für andere ein Problem darstellt. Ich hoffe, dass auch Sie, wie ich, zu der Folgerung gelangen, dass der Unterschied zwischen Kindern, die mit Alkohol, Tabak und Drogen experimentieren oder Aggression und Gewalt ausüben, und denen, die davon unangefochten bleiben, auch wenn sie unter ungünstigen Bedingungen aufwachsen, damit zusammenhängt, *wie* Kinder denken. Wenn Kinder wissen, was es bedeutet, sich selbst und andere zu verletzen, dann werden sie weniger geneigt sein, Schaden anzurichten. Dieses Bewusstsein ist es, für das ich empfänglich machen möchte.

Darüber hinaus werde ich Ihnen zeigen, wie Sie Problemlösungsmethoden nutzen können, wenn Sie mit Ihren Kindern über störende und hoch riskante Verhaltensweisen reden. Nach diesen Gesprächen beginnt die Mauer des Schweigens oft zu bröckeln. Wenn Eltern zu Vertrauen ermutigen, reagieren die Kinder damit, dass sie sich ihren Eltern gegenüber öffnen und ihnen sagen, was sie tun und treiben, wohin sie gehen und mit wem.

Kinder, die Probleme lösen können, die gegenwärtig für sie wichtig sind, werden auch verhindern können, dass Probleme zu einem späteren Zeitpunkt in ihrem Leben außer Kontrolle geraten – in der höheren Schule und danach.

Sechstes Kapitel

Das richtige Timing: Der Kampf ums Zubettgehen, Trödeln, Aufschieben und Ungeduld

„Ist das der richtige Zeitpunkt?" – „Was kann ich tun, während ich warte?"

Ihr fünfjähriger Sohn packt seine Fingerfarben gerade dann aus, wenn Sie seine Sachen zusammenpacken, um mit ihm in den Park zu gehen.

Ihre achtjährige Tochter möchte, dass Sie ihr just in dem Augenblick beim Haarefärben helfen, wo Sie sich hingesetzt haben, um die monatlichen Rechnungen zu begleichen. Als Sie sie bitten, ein wenig zu warten, mault sie: „*Nie* hilfst du mir."

Ihre elfjährige Tochter schickt sich an, genau in dem Moment die Nummer ihrer Freundin zu wählen, wo Sie den Braten für das Abendessen aus dem Backofen nehmen.

Was können Sie tun? Was sagen? Sie wollen für Ihr Kind da sein, aber Sie möchten auch, dass es mehr Verständnis für Ihre Bedürfnisse aufbringt. Und Sie wollen, dass es aufmerksamer für das wird, was in seinem Umfeld geschieht, und nicht nur an sich selbst denkt.

Um diese wichtigen Probleme anzugehen, habe ich ein Spiel erfunden, das so genannte „Richtiger Zeitpunkt – falscher Zeitpunkt"-Spiel, das Kindern in der Regel großen Spaß macht. Sie können es zu jeder Zeit spielen – nur nicht unmittelbar nach Situationen wie den oben aufgeführten – und sollten erfundene Personen dafür nehmen. Sobald Ihre Kinder mit dem Spiel vertraut sind, werden sie in der Lage sein, das, was sie daraus gelernt haben, im wirklichen Leben anzuwenden.

Im Folgenden wird gezeigt, wie eine Mutter dieses Spiel mit ihren neun und elf Jahre alten Töchtern spielte.

Mutter: Lasst uns das „Richtiger Zeitpunkt – falscher Zeitpunkt"-Spiel spielen. Hört mir mal gut zu. Joanie bittet ihre Freundin Patricia, mit ihr und ihren Freunden Fußball zu spielen – doch leider hat sich Patricia gerade das Bein gebrochen. Ist das ein guter Zeitpunkt, um Patricia zu bitten, mit ihnen Fußball zu spielen?
Lisa: Nein, das ist dumm. Es ist ein ganz schlechter Zeitpunkt.
Mutter: Gut, dann wollen wir jetzt mal dumm sein. Denkt euch doch mal eine Bitte aus, die zum falschen Zeitpunkt vorgebracht wird.
Lisa: Roseann bittet ihre Mutter, ihr bei ihren Hausaufgaben zu helfen – um drei Uhr morgens.
Mutter: Gut, Lisa. Jetzt bist du an der Reihe, Bernice.
Bernice: Deedee fragt ihre Freundin, ob sie sich ihren Pullover ausleihen darf – nachdem die Freundin gerade von ihrer Mutter ausgeschimpft worden ist.
Mutter: Das habt ihr euch gut ausgedacht. Lisa, wann ist ein geeigneter Zeitpunkt, um die Mutter zu bitten, bei den Hausaufgaben zu helfen?
Lisa: Nach der Schule oder nach dem Abendessen.
Mutter: Und, Bernice, wann ist ein geeigneter Zeitpunkt, um eine Freundin um einen Gefallen zu bitten?
Bernice: Wenn sie in guter Stimmung ist.

Lassen Sie Ihre Kinder – wie oben gezeigt – ein paar unsinnige und ein paar sinnvolle Szenen erfinden. Und falls die Kinder dann einmal etwas von Ihnen wollen, während Sie gerade beschäftigt sind oder wenn gerade eine unpassende Zeit ist, können Sie sie an das „Richtiger Zeitpunkt – falscher Zeitpunkt"-Spiel erinnern.

Auch wenn Kinder gelernt haben, passende und unpassende Zeitpunkte voneinander zu unterscheiden, fällt es ihnen manchmal schwer, einen geeigneten Zeitpunkt abzuwarten. Meist wollen Kinder das, was sie wollen, sofort. Das ist normal, irritiert aber Erwachsene oft.

Versucht man Kindern klar zu machen, dass sie sich in Geduld üben müssen, so hat das keine große Wirkung – sie sind zu ungeduldig, um sich unsere Erklärungen anzuhören. Und wenn wir Kindern sagen, sie könnten das, was sie haben wollen oder tun möchten, „später" bekommen bzw. tun, dann kommt ihnen das wie eine Ewigkeit vor – weil sie sich nicht vorstellen können, womit sie sich während des Wartens die Zeit vertreiben sollen.

Das „Was kannst du tun, während du wartest"-Spiel hilft Kindern zu lernen, weniger ungeduldig zu sein. Auch dieses Spiel sollten Sie mit erfundenen Personen spielen.

„Johnny will, dass sein Bruder mit ihm Schach spielt, aber sein Bruder ist noch dabei, seine Mathematikhausaufgabe zu beenden", sagte Arthurs Mutter zu ihrem zehnjährigen Sohn. „Kannst du dir fünf Dinge vorstellen, die Johnny tun kann, während er wartet?"

Arthur erstellte mühelos die folgende kleine Liste. Er antwortete, dass Johnny Folgendes tun könnte:

- seine eigenen Hausaufgaben erledigen,
- ein Videospiel spielen,
- einen Imbiss nehmen,

- ein Bild malen,
- Flöte üben.

Und da ihm das so leicht gefallen war, fügte er noch ein paar weitere Vorschläge hinzu:

- Er könnte einen Freund anrufen.
- Er könnte im Internet surfen.
- Er könnte seine Briefmarkensammlung neu ordnen.

Als Arthur das nächste Mal zu einem ungünstigen Zeitpunkt die Aufmerksamkeit seiner Mutter wollte, konnte sie zu ihm sagen: „Ich kann jetzt nicht sofort mit dir reden, weil ich deiner Schwester bei ihren Hausaufgaben helfe. Was kannst du tun, während du wartest?"

Arthur dachte einen Augenblick lang nach und lächelte dann – er erinnerte sich an das Spiel. „Ich kann auch meine Hausaufgaben machen", erwiderte er.

Sie können diese Spiele mit ihren Kindern spielen, sobald sie vier Jahre alt sind. Janey, die gerade vier geworden war, wollte unbedingt gleich nach dem Frühstück zum Spielplatz gehen, doch ihre Mutter musste zuerst noch die Wäsche sortieren. „Was kannst du tun, während du wartest?", fragte ihre Mutter.

„Ich kann mit meiner neuen Puppe spielen", antwortete Janey, lief in ihr Zimmer und holte ihre Puppe. Dann zog sie ihre Puppe für den Spielplatz an und nahm sie mit, nachdem ihre Mutter fertig zum Ausgehen war.

Diese Spiele bewähren sich auch dann, wenn zu einer Einladung (Geburtstag u. ä.) der erste Gast mit einem bunt eingepackten Geschenk erscheint und ihr Kind in großer Vorfreude ruft: „Darf ich es *gleich* auspacken?" Wenn Sie eigentlich vorhatten, damit zu warten, bis alle Gäste da sind, dann können Sie Ihr Kind auffordern, doch kurz darüber nachzudenken, warum jetzt *kein* passender Zeitpunkt dafür ist, und es fragen: „Was könntest du tun, während du wartest?"

Wenn Kinder auf ihre eigenen Ideen kommen dürfen – wie Lisa, Bernice, Arthur und Janey –, dann maulen und quengeln sie nicht. Dafür gibt es keine Notwendigkeit; sie sind damit beschäftigt, sich andere Alternativen auszudenken, anstatt sich ungeduldig auf das zu versteifen, was sie gegenwärtig nicht bekommen können.

Beenden Sie die ewigen Streitereien ums Zubettgehen

Manche Kinder trollen sich ohne jeglichen Protest ins Bett; die Dunkelheit scheint ihnen nichts auszumachen und sie mögen ihre Betten und die Zubettgehrituale. Andere Kinder klammern sich ans Tageslicht und kämpfen heftig gegen das Schlafengehen und den Schlaf an. „Nur noch fünf Minuten", betteln sie – aber daraus werden unweigerlich zwanzig Minuten, dann dreißig oder noch mehr.

Lesen Sie Ihrem Kind ein weiteres Kapitel aus seinem Lieblingsbuch vor, erlauben Sie ihm, sein Videospiel zu beenden oder gewähren Sie ihm einen letzten Wunsch, egal, welchen? Wenn ja, dann werden Sie vermutlich mit jedem Abend ärgerlicher und wünschten, Sie hätten eine neue Strategie. Oder müssen Sie sogar an sich selbst konstatieren, dass Sie „Schlaf jetzt sofort!" brüllen oder dem Kind drohen „Wenn du jetzt nicht schläfst, dann darfst du morgen nicht fernsehen!" oder „Du wirst eine schlechte Klassenarbeit schreiben, wenn du in der Schule vor Müdigkeit einschläfst"? Und all das wollen Sie doch eigentlich gar nicht!

Am Ende eines langen Tages braucht das Kind Ihre Wärme und kann weder Wut noch Drohungen vertragen. Je mehr Sie sich aufregen, desto angespannter wird das Kind werden und desto mehr Probleme wird es beim Einschlafen haben.

Hier sind ein paar Vorschläge, dem abzuhelfen.

Zuerst einmal sollten Sie versuchen herauszufinden, was Ihrem Kind wirklich zu schaffen macht. Hat es genug Zeit für sich, ehe das Licht ausgeschaltet wird? Ist Ihr Kind erst drei oder vier Jahre alt, sollten Sie die ganze Routine mit Waschen, Zähne putzen und Schlafanzuganziehen viel früher beginnen, als Sie es bisher taten. Falls Sie merken, dass Sie die letzte Gutenacht-Geschichte in ziemlicher Eile vorlesen oder es kaum erwarten können, bis die Fernsehsendung, die Sie Ihrem Kind zugestanden haben, zu Ende ist, dann sollten Sie diese Dinge von nun an ändern – eine Sendung auszuschalten, ehe sie endet, ist viel frustrierender für Ihr Kind, als das Fernsehgerät gar nicht erst einzuschalten. Ältere Kinder sollten selbst entscheiden dürfen, wie viel Zeit sie für ihre abendliche Routine benötigen – vorausgesetzt, die Kinder beginnen damit zu einer Zeit, mit der Sie einverstanden sind (beispielsweise müssen zuerst die Hausaufgaben gemacht worden sein). Und wenn Ihr Kind nicht gleich schlafen will, weil es noch etwas Zeit mit Ihnen verbringen will, dann sollten Sie zusammen überlegen, wie und wann Sie jeden Abend zusammen Zeit verbringen wollen – schon allein dieses gemeinsame Planen gibt Ihrem Kind vielleicht genau die Aufmerksamkeit, nach der es sich am Ende des Tages sehnt.

Wenn Ihr Kind dann immer noch aufbleiben will, obwohl es längst Zeit zum Schlafen ist, dann sind hier ein paar Anregungen, wie Sie mit ihm darüber reden können:

Am Morgen sollten Sie Ihr Kind fragen, wie es sich fühlt. Antwortet es: „Müde", dann fragen Sie es: „Was kannst du heute Abend tun, damit du dich morgen nicht so müde fühlst?"

Vielleicht sagt es darauf: „Früher ins Bett gehen." Aber seien Sie darauf gefasst, dass es dieses Gespräch am Abend vergessen hat und um eine weitere halbe Stunde Vorlesen bettelt. Falls dies zutrifft, sollten Sie das Kind fragen: „Erinnerst du dich an unser Gespräch heute Morgen, bei dem du gesagt hast, du wärst morgens früh bestimmt weniger müde, wenn du in Zukunft abends eher schlafen gehen würdest?"

Wenn Ihr Kind stutzt, können Sie ihm die Frage stellen: „Wie wirst du dich am Morgen wohl fühlen, wenn du jetzt nicht ins Bett gehst?" Es ist durchaus möglich, dass Sie dieses Gespräch an mehreren Morgen und Abenden hintereinander wiederholen müssen, bis Ihr Kind die Verbindung herstellen kann. Doch letztlich gelingt es den meisten Kindern.

Sobald Ihr Kind die Verbindung erkennt, können Sie die „Richtiger Zeitpunkt – falscher Zeitpunkt"-Fragen stellen:

> „Ist das ein geeigneter oder kein geeigneter Zeitpunkt, um schlafen zu gehen?"
> „Ist es eine gute Idee oder eine schlechte, rechtzeitig schlafen zu gehen?"
> „Was könnte morgen in der Schule passieren, wenn du so müde bist?"
> „Und – willst du das?"
> „Wann ist ein geeigneter Zeitpunkt, um dein Buch vorzulesen?"

Als der achtjährigen Jen diese Fragen gestellt wurden, sagte sie: „Wenn ich morgen müde bin, schneide ich vielleicht nicht so gut in meiner Rechtschreibeprüfung ab."

„Willst du denn, dass das passiert?“, fragte ihre Mutter sie.

Dieses Mal lächelte Jen bloß. „Ich gehe heute Abend wohl besser zeitig ins Bett“, sagte sie.

Was tut man, wenn ein Kind beharrt: „Aber ich bin noch gar nicht müde!“ Bedenken Sie einen Augenblick lang, dass es möglicherweise die Wahrheit sagt; in diesem Fall ist es kurze Zeit später vermutlich bereit, ins Bett zu gehen.

Doch die meisten Kinder weigern sich einfach zuzugeben, dass sie müde sind. Je mehr Sie sich bemühen, ihnen zu erklären, dass sie am nächsten Tag unausgeschlafen sein werden, wenn sie jetzt nicht zu Bett gehen, desto aufsässiger werden sie. Wenn Ihr Kind wirklich müde ist, dann sollten Sie es ihm überlassen, selbst darauf zu kommen. Es ihm einzuhämmern, wird sein Verhalten nicht ändern.

Manchmal bekommen die Kämpfe ums Zubettgehen noch eine neue Dimension, nämlich dann, wenn ein älteres Geschwister da ist – das weiß ich aus persönlicher Erfahrung. Als ich sechs Jahre alt war, wurde mir plötzlich bewusst, dass mein zwölfjähriger Bruder länger aufbleiben durfte als ich. Eine Zeit lang glaubte ich ernsthaft, meine Eltern wollten mich „wegstecken“, damit sie und mein Bruder ohne mich gemeinsam Zeit verbringen konnten. Meine Eltern versuchten mir klar zu machen, dass er älter war und deshalb weniger Schlaf benötigte als ich, und dass ich, wenn ich später älter wäre, ebenfalls länger aufbleiben dürfte. Doch keine dieser Erklärungen stellte mich zufrieden. Schließlich sagte mein Vater: „Also gut, Myrna. Machen wir einen Versuch: Geh einmal zur selben Zeit ins Bett wie dein Bruder. Dann wirst du ja sehen, wie du dich morgen fühlst.“

„Ich werd mich prima fühlen“, erwiderte ich und war mir dabei ganz sicher. Und ich fühlte mich auch prima – bis zum nächsten Morgen, als ich geweckt wurde.

„Wie hast du dich heute früh gefühlt, als du aufgewacht bist?", fragte mich mein Vater beim Abendessen.

Ich brauchte ihm gar keine Antwort zu geben. Er sah selbst, dass er mich künftig nicht mehr daran erinnern musste, zeitig ins Bett zu gehen.

„Ich mach das später" – Schluss mit dem ständigen Hinauszögern

Dinge hinauszuzögern scheint für viele Kinder eine ganz natürliche Sache zu sein. Ganz gleich, worum man sie bittet – ihr Zimmer aufzuräumen, Arbeiten im Haushalt zu erledigen, ihre Hausaufgaben zu machen –, die Antwort ist immer die gleiche: „Ich mach das später." Die meisten Eltern fechten hin und wieder deswegen einen kleinen Kampf aus. Aber wann wird es zu einem echten Problem, und was können wir dann tun?

Die zwölfjährige Lizzie wollte Torfrau in ihrem Fußballteam werden, aber ehe sie sich auf diesem Posten versuchen konnte, musste sie sich körperlich untersuchen lassen – so lautete die Vorschrift. Immer wenn ihre Mutter einen Termin beim Arzt für sie vereinbaren wollte, sagte Lizzie: „Nein, heute nicht." Die Frist für Untersuchungen verstrich, und Lizzie konnte dem Team nicht beitreten.

Die zehn Jahre alte Randi nahm ihre umfangreiche Hausaufgabe für das Fach Gemeinschaftskunde erst am Abend vor dem Abgabetermin in Angriff, obwohl sie zwei Wochen dafür Zeit gehabt hatte. Ihr Vater erinnerte sie jeden Abend daran, endlich damit anzufangen, aber sie ignorierte seine Ermahnungen. Sie bekam dann eine Sechs.

Der vierjährige Thad versprach, sein Zimmer aufzuräumen, sobald er die laufende Runde seines Videospiels beendet haben würde, aber er spielte auch noch danach immer weiter. Seine Mutter drohte ihm damit, ihm die Playstation wegzunehmen, wenn er das Zimmer nicht bis zum Abendessen aufgeräumt haben würde. Aber es wurde sechs Uhr, und kein einziges Spielzeug war weggepackt worden.

Wenn Ihr Kind sich so verhält, dann sind Sie möglicherweise ganz ratlos. Vielleicht sind Sie sogar versucht, die jeweilige Aufgabe an seiner Stelle zu erledigen – aber das sollten Sie nicht. Denn sonst wird Ihr Kind glauben, dass das Hinauszögern sich lohnt. Doch wenn Sie andererseits die Tatsache, dass es seine Aufgabe verzögert, ignorieren, wird es am Ende annehmen, dass es durch die Missachtung dessen, was es zu tun hat, der Aufgabe überhaupt ausweichen kann.

Im Folgenden finden Sie einige Tipps, mit deren Hilfe Sie das Verzögerungs-Problem beheben können.

Zuerst einmal sollten Sie mit Ihrem Kind darüber reden, was aufgrund der Verzögerung geschehen ist. In Lizzies Fall führte sie zu einer bitteren Enttäuschung, und ein Gespräch mit ihrer Mutter darüber, wie wichtig es sei, Fristen einzuhalten, genügte, um Lizzie zu einer Änderung ihres Verhaltens zu bewegen.

Randi musste lernen, wie man langfristige Aufgaben bewältigt. Mit Hilfe ihrer Eltern begann sie, die Zeit für ihre Hausaufgaben besser zu planen, und nahm künftig Aufgaben rechtzeitig in Angriff, und nicht erst am Vortag. (Mehr zum Planen von Hausaufgaben im Kapitel 13.)

Eine weitere hilfreiche Methode besteht darin, die Aufgabe in kleine Schritte einzuteilen. Anstatt beispielsweise vorzuschlagen: „Warum räumst du nicht zuerst die Spielsachen neben deinem Bett weg?" (denn damit denken *Sie* anstelle Ihres Kindes), können Sie das Kind fragen: „Welchen Teil der Aufgabe möchtest du zuerst erledigen? Den zweiten?“ Sogar Kinder, die noch in den Kindergarten gehen, können für sich selbst entscheiden, was sie zuerst tun wollen und wann sie es tun wollen. Ältere Kinder können sich ein Zeichen oder Notizen machen oder den jeweiligen Tag auf einem Kalender ankreuzen, damit sie nicht vergessen, wann ihre Aufgabe beendet sein muss.

Es ist möglich, dass manche Kinder etwas hinauszögern, weil ihnen die gegebene Aufgabe unangenehm ist. Wenn Ihr Kind den Müll niemals hinausbringt, obwohl dies so vereinbart war, kann es vielleicht den Geruch des Abfalleimers nicht ertragen. In diesem Fall sollten Sie sich mit ihm auf eine andere Hausarbeit einigen, die es erledigen kann.

Ebenso ist es möglich, dass Ihr Kind etwas hinauszögert, um Macht zu demonstrieren, das heißt, um zu zeigen, wer das Sagen hat. (Seine Motivation ist ihm möglicherweise überhaupt nicht bewusst, aber das bedeutet nicht, dass sie nicht vorhanden ist.) Letzten Endes können Sie das Kind nicht zwingen, Arbeiten im Haushalt zu verrichten oder seine Hausaufgaben zu machen. Gegebenenfalls sollten Sie einmal darüber nachdenken, wie Sie mit ihm reden, wenn es nicht tut, was Sie von ihm verlangen. Fühlt es sich zu stark kontrolliert, hat es nun vielleicht das Bedürfnis, seinerseits ein gewisses Maß an Kontrolle auszuüben.

Wenn Ihr Kind etwas immer wieder aufschiebt, dann sollten Sie es fragen, wie es die Aufgabe sieht, vor der es sich drückt. Manche chronischen Aufschieber haben Angst zu versagen. In diesen Fällen sollten Sie sagen: „Du musst nicht perfekt sein.“

Sie können ihm erzählen, dass und wann Sie selbst einmal etwas Neues versucht haben, das Ihnen dann nicht gelungen ist – oder zumindest nicht so gut, wie Sie gehofft hatten. Oder Sie sagen: „Es ist ganz normal, neue Dinge auszuprobieren, auch wenn sie dann nicht so laufen, wie sie sollten. Du kannst es immer ein zweites Mal probieren oder dich auch an etwas Neues wagen." Mit dieser Bestärkung wird Ihr Kind sich viel weniger unter Druck fühlen – und Sie ebenfalls.

„Siehst du nicht, dass ich gerade telefoniere?"

Sie telefonieren gerade – mit Ihrem Chef, Ihrer besten Freundin, Ihrer Lieblingstante, Ihrem Börsenmakler – oder Sie schreiben die monatlichen Schecks aus oder bringen eben den Müll hinaus oder waschen sich gerade die Haare … und Sie hören, wie Ihr Kind sagt: „Mama, kannst du mal …"

Ihr Stimmung sinkt auf Null. Sie können dem Tonfall seiner Stimme entnehmen, dass es sich mitnichten in einer Notlage befindet – und tatsächlich möchte Ihr Kind nur wissen, wo die Schere abgeblieben ist. Sie haben ihm unzählige Male eingeschärft, es solle Sie nicht unterbrechen, während Sie am Telefon sind. Doch Ihr Kind scheint das immer wieder zu vergessen. Sie haben versucht, es abzulenken, indem Sie ihm durch Gesten zu verstehen gaben, sich doch vor den Fernseher zu setzen. Aber das will es nicht. Sie haben sich bei Ihrem Gesprächspartner am Telefon entschuldigt, den Hörer beiseite gelegt und Ihrem Kind erklärt, warum es Sie jetzt nicht unterbrechen darf – und mussten daraufhin konstatieren, dass der Betreffende am anderen Ende der Leitung zunehmend ungeduldig wurde. Kurzum, Sie haben alles versucht.

Zumindest glauben Sie das. Versuchen Sie es doch jetzt einmal mit dem „Zwei Dinge zur gleichen Zeit"-Spiel und beobachten Sie, ob das funktioniert. Sie können es beim Abendessen oder im Auto spielen oder während Sie irgendwo in einer Schlange stehen. Die meisten Kinder lieben dieses Spiel.

Wenn Ihr Kind noch nicht zur Schule geht, dann sollten Sie beginnen, indem Sie sich auf die Worte *gleich* und *anders* konzentrieren. Machen Sie irgendeine Körperbewegung und sagen Sie beispielsweise: „Ich klopfe auf meinen Kopf. Jetzt stampfe ich mit dem Fuß auf. Habe ich gerade eben das *Gleiche* oder beim zweiten Mal etwas *anders* gemacht?"

Und nun fügen Sie das Wort *nicht* hinzu. Sagen Sie also: „Ich habe auf meinen Kopf geklopft. Ich habe nicht ...?" Lassen Sie Ihr Kind die Lücke ausfüllen, zum Beispiel mit den Worten „in die Hände geklatscht". Solange Ihr Kind Interesse an dem Spiel zeigt, können Sie Dinge hinzufügen wie „Ich sehe einen Baum. Siehst du das *Gleiche* oder etwas *anderes*? Was siehst du *nicht*?" Beim Essen können Sie sagen: „Das ist ein Salzstreuer. Und das ist ein Löffel. Sind diese beiden Dinge *gleich* oder ist beim zweiten etwas *anders*?"

Jetzt können Sie sagen: „Und nun wollen wir das ‚Zwei Dinge zur gleichen Zeit'-Spiel spielen. Ich kann auf meinen Kopf klopfen und *zur gleichen Zeit* mit dem Fuß aufstampfen. Was kannst du *gleichzeitig* tun?" Kinder lieben es, sich Dinge auszudenken, wie „Ich kann gleichzeitig laufen und Kaugummi kauen" oder „Ich kann gleichzeitig singen und springen".

Fügen Sie jetzt hinzu: „Ich kann *nicht* zur *gleichen* Zeit aufstehen und mich hinsetzen. Was kannst du *nicht* gleichzeitig tun?"

Der vierjährige Phil hielt sich die Nase zu und sagte: „Ich kann *nicht* gleichzeitig meine Nase zuhalten und atmen."

Und seine achtjährige Schwester sagte: „Ich kann *nicht* gleichzeitig meine Hausaufgaben machen und schlafen", und fügte hinzu: „Und ich kann *nicht* gleichzeitig singen und Wasser trinken." Diese Kinder zählten mit solcher Begeisterung auf, was sie *nicht* zur gleichen Zeit tun konnten, dass sie ihre Eltern dazu animierten, mitzuspielen.

Als Phil seine Mutter das nächste Mal beim Telefonieren unterbrach, fragte sie einfach: „Kann ich *zur gleichen Zeit* mit dir und in den Telefonhörer sprechen?" Phil erinnerte sich an das Spiel und lachte. Seine Mutter setzte hinzu: „Kannst du dir vorstellen, etwas *anderes* zu tun, während du wartest?"

„Ich kann fernsehen", antwortete Phil.

> Als Phil seine Mutter das nächste Mal beim Telefonieren unterbrach, fragte sie einfach: „Kann ich zur *gleichen* Zeit mit dir und in den Telefonhörer sprechen? ..."Kannst du dir vorstellen, etwas *anderes* zu tun, während du wartest?"

Hätte seine Mutter ihm eine bestimmte Aktivität vorgeschlagen, hätte er wahrscheinlich abgelehnt. Aber jetzt brauchte er den Vorschlag nicht zurückweisen, weil er von ihm selbst stammte; vielmehr war er nun stolz, dass ihm etwas eingefallen war, das er während des Wartens tun konnte.

Siebtes Kapitel
Wenn Kinder besitzergreifend sind

Streit um Spielsachen

„Gib mir den Lastwagen. Ich hab ihn zuerst gehabt!"
„Nein, er gehört mir."
„Nie lässt du mich damit spielen!"

Alle Eltern haben schon einmal gehört, wie ihre Kinder solche Kämpfe ausgefochten haben. Entweder nehmen sie sich gegenseitig Spielsachen weg, weigern sich, sie mit anderen zu teilen oder streiten sich darum, wie lange der andere ein bestimmtes Spielzeug benutzen darf. Manchmal werden sie so besitzergreifend in Bezug auf ein bevorzugtes Spielzeug, dass sie es ganz und gar ablehnen, es mit anderen zu teilen.

Normalerweise verspüren wir den Drang, den Streit zu schlichten, indem wir „gerecht" sind – das heißt, wir versuchen festzustellen, wer den Lastwagen wirklich zuerst hatte, wie lange der Betreffende ihn hatte und wann die beste Zeit wäre, ihn mit dem anderen zu teilen. Aber die meisten Eltern werden bald merken, dass die Suche nach Gerechtigkeit oft zwecklos ist. Je länger Sie Ihr Kind darüber befragen, wer den Lastwagen zuerst hatte oder wie lange es schon damit spielt, desto unzugänglicher und ärgerlicher wird es.

Was die Frage angeht, wer das Spielzeug zuerst hatte, so werden Sie es vermutlich nie herausfinden.

Manchmal sind Sie wohl versucht, den Lastwagen wegzunehmen, und zu rufen: „Wenn ihr beiden das Spielzeug nicht miteinander teilen könnt, dann soll es keiner haben!"

Denken Sie einen Augenblick darüber nach, was Sie damit erreichen. Das Spielzeug „aus dem Verkehr zu ziehen" ist keine Garantie dafür, dass die Kinder das Problem lösen werden. Eines jedoch ist sicher: Selbst wenn Ihre Kinder sich momentan fügen und nun den Lastwagen miteinander teilen, ändert sich nichts daran, wie sie sich fühlen und wie sie sich das nächste Mal fühlen werden, wenn sie mit einer ähnlichen Situation konfrontiert sind.

Was also können Sie stattdessen tun? Wenn Sie die Mutter des Jungen sind, der das Spielzeug weggenommen hat, können Sie ihm die einfache Frage stellen: „Was ist passiert, *nachdem* du das Spielzeug an dich genommen hast?"

„Er hat mich geschlagen", sagt Ihr Kind daraufhin vielleicht.

„Wenn ihr beide zur *gleichen* Zeit mit dem gleichen Spielzeug spielen wollt – was könnt ihr tun, um das Problem zu lösen?"

Als man der vierjährigen Brett diese Frage stellte, sagte sie zu ihrem Bruder: „Ich rolle den Lastwagen, und du stellst die kleinen Männer hinein." Beide lächelten; das war eine zufriedenstellende Lösung.

Jetzt können Sie sagen: „Das hast du dir gut ausgedacht. oder „Du bist ein guter Problemlöser." Indem Sie Kommentare wie „Das ist eine gute Idee" vermeiden, loben Sie Ihr Kind nicht dafür, *was* es denkt, sondern *dass* es denkt. Wenn Sie eine ganze bestimmte Lösung loben, die Ihrem Kind eingefallen ist, dann kann es durchaus sein, dass es sich freut, weil Ihnen seine Idee gefiel, und nun nicht mehr weiterdenkt. Und wenn eine Woche später ein ähnliches Problem auftritt, bietet es vielleicht dieselbe Lösung an – muss aber feststellen, dass das andere Kind nicht damit einverstanden ist. Was dann?

Wenn Ihr Kind auf eine neue Lösung kommt, kann es nicht nur ein Machtspiel mit Ihnen und einen Kampf mit seinem Geschwister vermeiden, sondern wird auch eher damit an die Reihe kommen, mit dem Lastwagen zu spielen.

Ist es auch einmal akzeptabel, etwas nicht zu teilen? Obwohl wir unsere Kinder zur Freigebigkeit erziehen wollen, muss ein Kind, das ein Spielzeug besitzt, das ihm viel bedeutet – insbesondere wenn es zerbrechlich ist –, oder eines, das noch so neu ist, dass das Kind eine Zeit lang allein damit spielen möchte, in seinen Wünschen respektiert werden. Um Ihrem Kind zu zeigen, dass Sie seine Gefühle verstehen, können Sie fragen: „Gibt es einen Grund, warum du nicht willst, dass dein Bruder mit deinem Wagen spielt?" Der vierjährige Rudy antwortete darauf: „Er könnte die Räder abreißen." Seine Mutter erwiderte: „In Ordnung. Gibt es ein anderes Spielzeug, das du mit deinem Bruder teilen kannst und das nicht kaputtgeht?" Eine solche Frage signalisiert einem Kind, dass wir seine Gefühle respektieren, und verringert das Risiko, dass das Ganze in einen Machtkampf mit Tränen ausartet.

Kämpfe ums Spielzeug

Haben Sie jemals folgenden, häufig vorkommenden Streitdialog gehört:
„Es ist meins." – „Nein, meins! Es gehört wirklich mir!"?

Und wenn das nicht den gewünschten Effekt hat, dann schreien die Kinder sich gegenseitig bis zum Geht-nicht-mehr an:
„Ich hatte es zuerst!“ – „Nein, ich!“

Sie können ihnen das Spielzeug wegnehmen, so dass sie sich nicht länger darum streiten können –
aber dadurch geraten sie nur noch mehr in Rage.

Sie können sie ermahnen, ihre Spielsachen miteinander zu teilen, damit es keine Tränen gibt,
aber dieser Vorschlag wird auf taube Ohren stoßen.

Sie können ihnen erklären, warum sie nicht miteinander kämpfen sollten:
„Einer von euch wird bestimmt eine Verletzung davontragen, wenn ihr nicht friedlich zusammen spielt.“

Aber die Kinder haben das schon tausend Mal gehört, deshalb hören sie das tausendunderste Mal nicht mehr hin.

Ihr Kämpfen und Schreien macht Sie schier wahnsinnig –
und am Ende hören Sie sich selbst brüllen: „Hört jetzt auf – ohne Wenn und Aber!“

Wenn Kinder streiten statt spielen,
dann bitten Sie sie doch, sich stattdessen etwas *anderes* auszudenken.

Wenn Kinder sich bei ihren Geschwistern ohne Erlaubnis etwas ausleihen: Sollen sich die Eltern einmischen?

Die elfjährige Cindy kommt nach Hause und sieht, dass ihre neunjährige Schwester Eve – schon wieder – ihren Pullover trägt, obwohl Cindy sie ausdrücklich gebeten hatte, sich ihn nicht auszuleihen. Was passiert als Nächstes? Cindy schreit: „Ich habe dir verboten, an meinen Schrank zu gehen! Rühr gefälligst meine Sachen nicht an! Zieh den Pullover sofort aus! Er gehört mir!" Aber Eve setzt ihre „Du kannst mich gern haben"-Miene auf. Das bringt Cindy zur Weißglut und sie sagt in vernichtendem Tonfall zu ihrer Schwester: „Er sieht absolut lachhaft an dir aus. Mir steht er tausendmal besser."

„Aber ich habe einen Rock, zu dem er passt", kontert Eve, nicht im Mindesten eingeschüchtert vom Zorn ihrer Schwester, „und du nicht."

Das Gezänk geht weiter, jede Bemerkung ist giftiger als die vorige.

Schließlich appelliert Cindy an ihre Mutter; doch die ermahnt sie, nicht so selbstsüchtig zu sein. „Aber Mama", setzt Cindy an, „ich habe den Pullover von meinem eigenen Geld gekauft und ..."

„Es reicht", unterbricht ihre Mutter sie; sie hat das alles schon etliche Male miterlebt und hat es satt, sich mit dem Problem herumschlagen zu müssen. „Regel das selbst."

Cindy geht zurück zu ihrer Schwester und schreit: „Mein Leben wär viel schöner, wenn es dich gar nicht gäbe!", woraufhin Eve sich den Pullover herunterreißt, ihn Cindy zuwirft und sagt: „Dein Zeug passt mir sowieso nicht. Außerdem ist es scheußlich. Und du bist zu fett."

Cindy packt den Pullover und zieht sich in ihr Zimmer zurück.

Kinder diesen Alters streiten um fast alles: um Schuhe, Haarshampoo, Schmuck, CDs oder Videos. Manche Eltern, wie die Mutter von Cindy und Eve, haben einfach keine Lust, sich damit zu befassen. Andere wiederum versprechen, dass sie das Problem für ihre Kinder lösen werden. Als Dana sich beschwerte, dass ihre Schwester sich ständig ihren Schmuck „auslieh", versicherte ihr die Mutter, dass sie sich sofort darum kümmern würde. Und ein Vater sagte seinem Sohn zu, er werde mit dessen Bruder sprechen, weil der sich immer wieder ohne Erlaubnis sein Fahrrad nahm. Wieder ein anderer versprach, seiner Tochter ihre CDs zurückzubringen. Müssen die Eltern zu Hilfe kommen? Leider ist das nur eine kurzfristige Lösung. Denn schließlich werden die Eltern nicht immer zur Stelle sein, um die Streitigkeiten zwischen Geschwistern schlichten zu helfen.

Es gibt vielversprechendere Methoden, wie Sie Ihren Kindern helfen können, wenn sie sich um Dinge streiten, die ihnen gehören:

- Rufen Sie Ihre Kinder zusammen. Bitten Sie sie, Ihnen mitzuteilen, wo das Problem liegt und was sie selbst tun können, um es zu lösen.
- Bitten Sie sie, darüber nachzudenken, ob ihre Lösung wirklich gut ist und warum. Wenn die Kinder zu dem Schluss kommen, dass sie doch nicht so gut ist, dann sollten sie sich eine Vereinbarung ausdenken, die beide zufrieden stellt.

Während Cindys Mutter noch über den Streit ihrer Töchter um den Pullover nachdachte, ging sie zu Cindy und fragte sie, was sie eigentlich so wütend gemacht habe.

„Ich hasse es, wenn Eve einfach meine Sachen nimmt", erwiderte Cindy. „Es wäre mir egal, wenn sie sich meine Kleider ausleihen würde, vorausgesetzt, sie hätte mich vorher gefragt. Ich mag es nicht, wenn man mich ausnutzt. Ich möchte einfach, dass sie etwas Rücksicht auf mich nimmt. Ich würde es bei ihr genauso machen."

Die Mutter fragte Cindy, ob sie sich eine Möglichkeit vorstellen könnte, ihre Schwester wissen zu lassen, wie sie sich fühlte, wenn Eve sich ohne Erlaubnis ihre Sachen nahm. Daraufhin klopfte Cindy an Eves Zimmertür, und als diese öffnete, sagte Cindy: „Alles, was ich von dir erwarte, ist, dass du mich vorher fragst." Dann entschuldigte sie sich dafür, dass sie so wütend geworden war.

Die beiden Mädchen führten am Ende ein langes Gespräch miteinander und gingen schließlich in Cindys Zimmer, wo Cindy drei Pullover beiseite legte, die Eve sich künftig ohne Erlaubnis ausleihen durfte. Aber wenn sie einen von den anderen tragen wollte, würde sie fragen müssen. Eve war sehr erfreut über diese Lösung. Als Cindy ihrer Schwester ins Gesicht sah, begriff sie, dass sie nicht wirklich gemeint hatte, was sie da im Zorn gesagt hatte – und dass sie letztendlich froh war, dass es ihre Schwester gab. Sie schmunzelte in sich hinein und dachte bei sich: Wenn ich keine Schwester hätte, mit wem würde ich mich dann um meine Kleider rangeln?

Die Mutter von Cindy und Eve lernte aus dieser Erfahrung, dass sie ihren Kindern nicht bei der Lösung eines Problems half, indem sie sie lediglich aufforderte, es „selbst zu regeln". Aber ebenso wenig sinnvoll ist es, den Kindern aus den Wirren des täglichen Lebens herauszuhelfen, ohne sie an diesem Prozess wirklich teilhaben zu lassen; das tat Danas Mutter, als sie sich des Problems annahm, dass die Schwester sich andauernd Danas Schmuck auslieh. Diese

Art zu reagieren erspart den Kindern bloß, gründlich darüber nachzudenken, was sie so aufregt und warum.

Typisch für die Vorpubertät: „Das ist *meine* Zeit!"

Die Eltern von Mathew und Holly hatten soeben einen neuen Computer erworben und stellten ihn ins Wohnzimmer, damit alle Familienmitglieder ihn nutzen konnten. Das taten sie nicht nur, weil sie es sich nicht leisten konnten, jedem Kind einen eigenen Computer zu kaufen, sondern auch, weil sie im Auge behalten wollten, wie lange ihre Kinder im Internet surften und mit wem sie darin Kontakt aufnahmen. Dies wäre nicht möglich gewesen, wenn die Kinder in ihren eigenen Zimmern vor dem Bildschirm gesessen hätten.

Aber wie ihr Vater mir erzählte, verursachte diese wunderbare neue Anschaffung eher Probleme, statt welche zu lösen. Denn sobald die Kinder von der Schule nach Hause kamen, stürzten sie sich auf den Computer; derjenige, der zuerst da war, nahm ihn in Beschlag. Das war in der Regel der zwölfjährige Mathew, der drei Jahre älter als seine Schwester war. Er erhob Anspruch darauf und blieb dann für den Rest des Nachmittags davor, trotz Hollys Bitten, sie auch eine Weile dranzulassen.

Eines Tages, als beide Kinder im Schulbus nach Hause fuhren, sagte Holly zu ihrem Bruder. „Heute habe ich das Recht, am Computer zu sein", sagte sie zu Mathew. „Einverstanden?"

Mathew erwiderte ausweichend: „Das werden wir mit Mama besprechen."

„Aber ich habe mich zuerst angemeldet!", beharrte Holly.

Entnervt sagte Mathew darauf: „Mama entscheidet das. Wir müssen *sie* fragen."

Als sie zu Hause ankamen, rannte Holly zum Computer und stellte sicher, dass sie davor saß, um damit ihren Anspruch geltend zu machen. Mathew wusste, dass es keine Möglichkeit gab, seine Schwester von diesem Platz zu entfernen, wenn er sie nicht verletzen oder sonst etwas tun wollte, was er danach vielleicht bereuen würde. Daher tat er das Nächstbeste: Er ging zu seiner Mutter. „Holly hat vorhin im Bus auf dem Heimweg gesagt, dass sie heute den Computer benutzen will", sagte er. „Das ist nicht gerecht. Wir hatten beschlossen: Wer zuerst hinkommt, darf ihn benutzen."

„Jetzt ist *meine* Zeit", rief Holly laut vom Wohnzimmer her. „Er kann ihn benutzen, wenn ich fertig bin."

Die Mutter, aus ihrer Beschäftigung herausgerissen, versuchte eine Einigung auszuhandeln, wonach beide Kinder eine gleich lange Zeit daran verbringen konnten. Sie sagte zu Holly, sie dürfe den Computer bis fünf Uhr nachmittags benutzen, danach sei Mathew an der Reihe. Missmutig erklärte Holly sich einverstanden. Doch als es auf fünf Uhr zuging, musste sie konstatieren, dass sie die ganze Zeit mit Computerspielen verbracht hatte und den Computer jetzt benötigte, um ihre Hausaufgaben zu machen. Beunruhigt bat sie ihre Mutter, ihr zusätzlich Zeit zu gewähren. Mathew fand das natürlich nicht gerecht. Also handelte die Mutter einen neuen Kompromiss aus: Holly durfte den Computer bis zum Abendessen benutzen und Mathew für den Rest des Abends.

„Das ist nicht gerecht!", maulte Holly. „Er hat damit mehr Zeit als ich. Und er spielt nur Spiele damit. Ich dagegen brauche ihn für meine Hausaufgaben."

„Mathew braucht den Computer ebenso viel wie du für seine Aufgaben", entgegnete die Mutter, jetzt in lauterem

Tonfall. Sie hatte es satt, als Schiedsrichterin zu fungieren. Holly willigte ein, aber sie war noch immer wütend.

In diesem Augenblick kam ihr Vater nach Hause. Er hörte sich zuerst den Standpunkt eines jeden Kindes an und sagte dann: „Jetzt haben wir tatsächlich ein Problem. Habt ihr eine Idee, wie man es lösen kann?"

Nachdem sie sich beruhigt hatten, schlug Mathew vor: „Vielleicht können wir uns abwechseln. Heute bin ich als Erster an der Reihe und morgen du." Holly gefiel dieser Vorschlag ganz und gar nicht. Obwohl ihr Vater versucht war, ein Machtwort zu sprechen, holte er tief Luft und sagte: „Ich bin mir sicher, ihr beide seid imstande, euch etwas auszudenken. Tut das in aller Ruhe und lasst mich wissen, was ihr beschlossen habt."

Ein paar Stunden später stolzierten beide Kinder mit einer brandneuen Idee ins Wohnzimmer. Mathew, der als Sprecher auftrat, sagte: „Wir werden beide zuerst unsere Hausaufgaben machen und dann eine Münze werfen, um zu ermitteln, wer zuerst an der Reihe ist."

Dann schaltete Holly sich ein. „Und wenn wir unsere Hausaufgaben erledigt haben, können wir vielleicht zusammen Computerspiele spielen."

Jetzt haben Mathew und Holly beide Freude an dem Computer – gemeinsam und allein.

Wenn Sie vor einem solchen Problem stehen, dann können Sie es natürlich dadurch lösen, dass Sie jedem Kind einen Computer kaufen. Aber wenn Sie Ihren Kindern beibringen wollen, weniger besitzergreifend zu sein, dann brauchen Sie im Grunde nicht mehr anzuschaffen, als Sie wirklich benötigen. Und denken Sie an den Vorteil, den Kinder haben, wenn sie lernen, mit einem einzigen Computer zu leben – sie können dann *zusammen* spielen, anstatt dass jeder für sich in seinem Zimmer allein davor sitzt und seinen Bruder oder seine Schwester nur zum Abendessen und im Schulbus sieht.

„Verschwinde aus meinem Zimmer!"

Scott, neun Jahre alt, spielt gerade mit einem Freund, als Tina, seine jüngere Schwester, in das Zimmer kommt, das beide miteinander teilen. Da er das Gefühl hat, sie dringe in seine Privatsphäre ein, fährt er seine Schwester an: „Jedes Mal, wenn ich mit meinen Freunden spiele, musst du uns unbedingt stören. Verschwinde von hier!"

„Aber das ist auch mein Zimmer", versetzt Tina.

„Ja, aber wir waren zuerst hier", erklärt Scott.

Der Streit geht weiter. „Ich will nur allein für mich spielen", sagt Tina diplomatisch. „Ich werde dich nicht stören."

Unbeeindruckt entgegnet Scott: „Du wirst alles in Unordnung bringen. Geh raus."

Kommen Ihnen diese Art Dialog und der Mangel an Feingefühl vertraut vor? Wenn es Ihre Kinder wären, würden Sie vielleicht sagen: „Scott, deine Schwester möchte bloß spielen. Sie wird nichts in Unordnung bringen. Das ist auch ihr Zimmer." Aber was würde Scott dann denken? Vielleicht ist es ihm ganz egal, was seine Schwester will. Und vielleicht folgert er sogar daraus, dass seiner Mutter die Interessen seiner Schwester mehr am Herzen liegen.

Hier ist eine andere Vorgehensweise, mit der Ihre Kinder ein solches Problem lösen können. Fragen Sie jedes Kind, während das andere es hören kann:

> „Was für Gefühle weckt das Problem in dir, vor dem du da stehst?"

„Hat einer von euch eine Vorstellung, wie dieses Problem zu lösen wäre, damit ihr beide damit leben könnt?"

Als Tina diese Fragen gestellt wurden, sagte sie: „Wenn ich jetzt hereinkommen darf, dann darfst du hereinkommen, wenn meine Freundin Mia da ist."

„In Ordnung", erwiderte Scott, „aber du kannst dich nur hier aufhalten, wenn du uns nicht auf die Nerven gehst."

Es spielt keine Rolle, auf welche Lösungen sich die Geschwister dann einigen – ob sie das Zimmer miteinander teilen oder planen, wer das Zimmer wann benutzen darf. Wichtig ist, dass ein Kind eine Lösung gefunden hat, die das andere akzeptieren kann.

Selbst wenn Kinder ihre eigenen Zimmer haben, leiden sie manchmal unter dem Gefühl, man dringe in ihre Privatsphäre ein. Beispielsweise verfügt der elfjährige Max über ein eigenes Zimmer; seine preisgekrönte Miniaturautosammlung, sein ganzer Stolz, hat er gut sichtbar auf seiner Kommode aufgestellt. Sein Bruder Evan, der sieben ist, will ständig hereinkommen und mit den Autos spielen. „Du wirst sie mir noch kaputtmachen!", schreit Max. „Und komm gefälligst nicht herein, ohne mich vorher um Erlaubnis zu fragen!"

Evan geht hinaus – doch nur, um einige Minuten später wiederzukommen, während Max gerade in der Küche etwas isst. Als Max in sein Zimmer zurückkehrt, findet er seinen Bruder auf seinem Bett sitzend und mit einem Spielzeug spielend vor, das er aus seinem eigenen Zimmer mitgebracht hat. „Das ist mein Zimmer! Verlass es sofort!" Evan geht, traurig und niedergeschlagen.

Die Eltern der beiden hören das Geschrei und wollen nicht, dass Evan so deprimiert ist. Sie wissen, solange Max dermaßen wütend ist, würde es nichts an seinem Verhalten ändern, wenn sie ihm nun erklärten, wie sein Bruder sich fühlt, wenn er so angebrüllt wird. Und ebenso gut wissen sie, dass Evan sich nicht besser fühlen würde, wenn sie ihm vorschlagen würden, er solle mit seinem Spielzeug in seinem eigenen Zimmer spielen, denn damit würden sie das Hauptproblem nicht ansprechen: dass Evan im Zimmer seines Bruders spielen will.

Im Folgenden können Sie lesen, wie der Vater der Jungen mit ihnen über die Situation sprach:

Vater: Max, wo liegt das Problem?
Max: Evan kommt ständig in mein Zimmer. Er bringt alles in Unordnung und wird noch meine Autos kaputtmachen. Ich hasse es, wenn ich in mein Zimmer komme und er da ist.
Evan: Aber er spielt nie mit mir.
Vater: Evan, liegt das Problem darin, dass er nie mit dir spielt oder dass du in seinem Zimmer spielen willst?
Evan: Ich will, dass er mit mir spielt. Ich habe seine Autos nicht durcheinandergebracht.
Vater: Max, wenn Evan in dein Zimmer geht, ohne dass du da bist – was für ein Gefühl ruft das in dir hervor?
Max: Ich bin wütend.
Vater: Wie, glaubst du, fühlt Evan sich, wenn du ihn so anbrüllst?
Max: Traurig.
Vater: Max, ist es so, dass du ihn niemals in deinem Zimmer haben willst oder vielmehr, dass du nicht willst, dass er hineingeht, ohne dich vorher zu fragen?
Max: Ich kann es nicht ausstehen, wenn er einfach in mein Zimmer kommt, während ich nicht da bin, oder hereinplatzt, wenn ich gerade meine Hausaufgaben mache.

Vater: Gut. Was kannst du zu Evan sagen, damit er weiß, was du wirklich willst?
Max: ‚Bitte frag mich vorher, dann kann ich entscheiden, ob ich dich in mein Zimmer lassen will.'
Vater: Und, Evan, kannst du dir eine *andere* Weise vorstellen, wie du Max dazu bringst, mit dir zu spielen, die ihn nicht so wütend macht?
Evan: Max, können wir heute Abend zusammen Dame spielen? Nur eine kleine Weile?
Max: Ja, gut, aber nicht sehr lange. Ich muss heute Abend noch eine Menge Hausaufgaben erledigen.

Es spielte keine Rolle, wo sie spielten – in Max' Zimmer oder am Wohnzimmertisch. Was wirklich zählte, war, dass Evan lernte, das Bedürfnis seines älteren Bruders nach einem eigenen Raum und nach Ungestörtheit zu respektieren. Im Laufe der Zeit konnte Evan dann immer wieder erleben, dass sein Bruder mit ihm spielte – und ihn manchmal sogar in sein Zimmer einlud.

Achtes Kapitel
Aufsässigkeit, Petzen und Lügen

„Warum ist mein Kind so aufsässig?"

Sträubt Ihr Kind sich prinzipiell gegen Ihre Bitten und Vorschläge – sogar dann, wenn es um sein eigenes Wohlbefinden geht? Was tun Sie daraufhin? Was sagen Sie? Geraten seine Trotzreaktionen so außer Kontrolle, dass Sie manchmal nahe daran sind, zu resignieren?

Die dreijährige Elizabeth war in einer Phase, in der sie ihre Eltern ständig auf die Probe stellte. Immer wenn ihre Mutter sagte: „Es ist Zeit für deinen Mittagsschlaf", schrie Elizabeth trotzig: „*Nein*! Ich bin nicht müde!"

„Wenn du jetzt keinen Mittagsschlaf machst", sagte ihre Mutter, die das im vergangenen Monat bereits jeden Tag erlebt hatte, warnend zu ihr, „dann darfst du heute Abend nicht fernsehen."

„Das ist mir egal!", erwiderte Elizabeth.

Ihre Mutter holte tief Luft und versuchte es mit einer anderen Herangehensweise.

„Sage ich etwa jedes Mal ‚nein', wenn du mich um etwas bittest? Habe ich nein gesagt, als du Milch und Kekse wolltest? Habe ich nein gesagt, als du in den Zoo gehen wolltest?" Sie machte eine Pause und bemerkte, dass Elizabeth ihr keinerlei Beachtung zu schenken schien. Unverdrossen versuchte sie es noch einmal: „Wenn ich dich bitte, deinen Mittagsschlaf zu machen, dann tue ich es zu deinem eigenen Vorteil. Wenn du's nicht tust, wirst du zu müde sein, um mit Papa zu spielen, wenn er nach Hause kommt."

Aber Elizabeth zuckte nur mit den Schultern. Sie weigerte sich, ins Bett zu gehen, und schlief – wie ihre Mutter es vorausgesagt hatte –, fünf Minuten, ehe ihr Vater nach Hause kam, auf der Couch ein. Sie wachte schlecht gelaunt auf, als ihre Eltern gerade mit dem Abendessen fertig waren.

An diesem Abend hatte Elizabeths Mutter eine Idee, während sie ihre Tochter badete. „Was ist heute Abend passiert, als Papa nach Hause kam?", fragte sie Elizabeth.

Zum ersten Mal an diesem Tag machte Elizabeth ein trauriges Gesicht. Sie liebte es, ihren Vater zu begrüßen, wenn er nach Hause kam, und freute sich den ganzen Tag darauf, dann eine Weile mit ihm spielen zu dürfen.

„Ich habe Papa nicht begrüßen können", antwortete Elizabeth.

„Was kannst du morgen tun, damit du Papa nicht verpasst, wenn er nach Hause kommt?", fragte ihre Mutter.

„Ich kann Mittagsschlaf machen", erwiderte Elizabeth. Ihre Mutter rief ihr am nächsten Tag nach dem Mittagessen dieses Gespräch wieder ins Gedächtnis. Elizabeth erinnerte sich daran, kletterte mit ihrem Lieblingsstoffbär ins Bett und schlief eine Stunde lang. An diesem Abend war sie noch putzmunter, als ihr Vater nach Hause kam.

Elizabeths Mutter hat ihrer Tochter geholfen, über die Folgen ihres Verhaltens nachzudenken. Aber es gibt auch noch andere Möglichkeiten, die Problemlösungsmethode anzuwenden. Mark, zehn Jahre alt, weigerte sich, sich zu duschen. Seine Mutter verlangte von ihm, dass er jeden Abend eine Dusche nahm. Als das nicht klappte, versuchte sie es mit einer, wie sie meinte, positiven Vorgehensweise.

„Du musst wissen", sagte sie in einem ruhigen Augenblick zu ihm, „wenn du dich nicht duschst, bist du einem erhöhten Risiko ausgesetzt, krank zu werden – wegen all der Bazillen auf deiner Haut. Außerdem beginnt dein Körper schlecht zu riechen, wenn du nicht genügend Wasser an ihn heranlässt. Dadurch wirst du weniger Freunde haben. Niemand wird dich gern in seiner Nähe haben."

Aber je mehr die Mutter auf ihn einredete, desto mehr sträubte sich Mark. Und seine Mutter wurde immer aufgebrachter und verwirrter. Was für ein Kind war das, das nicht auf die Stimme der Vernunft hörte?

Ich war nicht weiter überrascht, als ich hörte, dass Fordern und Erklären nicht die gewünschte Wirkung zeigten. Diese beiden Methoden funktionieren selten. Hilfreich wäre hingegen, wenn die Mutter aufhören würde, ihren Sohn mit Erklärungen zu bombardieren, und stattdessen Mark selbst zu Wort kommen ließe. Eines Nachmittags, als die beiden von der Leihbücherei nach Hause fuhren, fragte die Mutter Mark in einem bewusst neutralen Tonfall: „Was stört dich eigentlich am Duschen?"

Und nun geschah etwas Interessantes: Sie erfuhr nämlich etwas, was sie nicht gewusst hatte. „Ich mag es nicht", erklärte Mark ihr, „weil Duschen keinen Spaß macht."

„Na ja, ich muss jeden Tag zur Arbeit gehen, und das ist auch kein Spaß", wollte seine Mutter schon antworten. Aber dann bremste sie sich. Sie beschloss, die Problemlösungsmethode anzuwenden. „Was kannst du tun, damit es mehr Spaß macht?", fragte sie stattdessen.

Mark dachte einen Augenblick nach. „Mmm – vielleicht könnte ich mir vorstellen, ich stünde unter einem Wasserfall in Hawaii."

An jenem Abend nahm Mark eine Dusche, bevor er ins Bett ging. Überraschenderweise schien er es sehr gerne getan zu haben. Aber vielleicht war es auch gar nicht wirklich überraschend. Mark war in Hochstimmung, weil er auf seinen eigenen Grund gekommen war, eine Dusche zu nehmen. Hätte seine Mutter ihm vorgeschlagen, er solle beim Duschen an einen Wasserfall auf Hawaii denken, hätte er das wahrscheinlich achselzuckend abgetan.

Wir müssen unseren Kindern nicht immer sagen, was sie tun sollen, ja nicht einmal, warum sie es tun sollen. Sehr oft wissen sie das selbst. Manchmal genügt es, sie zu ermuntern, darüber nachzudenken. Und wenn wir sie danach fragen, werden sie uns das Ergebnis ihrer Überlegungen mitteilen.

> Wir müssen unseren Kindern nicht immer sagen, was sie tun sollen, ja nicht einmal, warum sie es tun sollen. Sehr oft wissen sie es selbst.

„Sprich nicht in diesem Ton mit mir!"

Sie haben soeben ein schönes Abendessen im Familienkreis beendet. „Annie, trag doch bitte die Teller in die Spüle", sagen Sie. Annie ist neun Jahre alt, und sie hat bereits in den letzten beiden Jahren beim Tellerwaschen geholfen. Es ist eine ihrer bevorzugten Arbeiten im Haushalt – zumindest war es bis vor kurzem so. Doch wenn Sie sie in letzter Zeit um die eine oder andere einfache Verrichtung bitten, schiebt sie sie entweder ewig lange vor sich her oder sie widersetzt sich Ihnen, indem sie sagt: „Nein!" oder „Jetzt nicht!" oder indem sie entnervt mit den Augen rollt und Ihnen einen „Du-kannst-mir-den-Buckel-runterrutschen"-Blick zuwirft. Heute Abend ignoriert sie Ihre Bitte einfach und macht sich daran, die Treppe ins obere Stockwerk hinaufzusteigen. Als ihr Vater ihr zuruft, sie solle zurückkommen und das Aufgetragene erledigen, murrt sie höhnisch: „Nein, besten Dank."

Ärgerlich wendet sich der Vater an Sie und sagt scharf: „Würdest *du* bitte mit deiner Tochter reden?"

„Beruhig dich erst mal", sagen Sie besänftigend. „Lass das Geschirr auf dem Tisch stehen. Ich werde dafür sorgen, dass sie es in ein paar Minuten wegräumt."

Aber das stellt den Vater nicht zufrieden. „Annie!", brüllt er. „Komm sofort herunter und kümmere dich um das Geschirr. Wenn du's nicht tust, bekommst du Hausarrest."

Führt diese „Machtdemonstration" – Forderungen, Befehle und Drohungen – dazu, dass Annie weniger aufsässig wird?

Ein anderer Fall: Die achtjährige Joanna fing an, auf einer Pfeife zu blasen, und wollte nicht mehr damit aufhören. Das Pfeifen wurde immer schriller, bis ihre Mutter es nicht mehr aushielt. „Bitte hör auf damit!", rief sie.

Doch Joanna kümmerte sich nicht darum. „Es tut mir in den Ohren weh", erklärte ihre Mutter.

Joanna blies weiter. „Joanna", sagte ihre Mutter noch einmal. „Ich habe dir erklärt, warum ich will, dass du damit aufhörst. Leg jetzt bitte die Pfeife weg."

Joanna stemmte einen Arm in die Hüfte, schaute ihrer Mutter geradewegs in die Augen und sagte: „Was willst du denn dagegen tun?"

„Sprich nicht in diesem Ton mit mir! Ich habe nie so mit meiner Mutter geredet! Warte nur, bis dein Vater nach Hause kommt!" Joanna schenkte all dem keinerlei Beachtung. Wütend stöhnte ihre Mutter: „Rede ich eigentlich gegen eine Wand?"

In ihrem Buch *Momisms: What She Says and What She Really Means* erinnert uns Cathy Hamilton in humorvoller

Weise daran, wie unsere Mütter sich dieser und anderer „klugen" Redensarten bedienten, um uns „zu schmeicheln, zu beschämen, anzuregen, uns zu drohen … und irrezuführen". Aber solche mütterlichen Taktiken beschämen und bedrohen die Kinder nicht nur, sondern setzen sie auch herab. Und der arme Vater kann einem Leid tun, wenn er am Abend nach einem harten Arbeitstag nach Hause kommt, sich auf eine freundliche Begrüßung freut und stattdessen einem Kind gegenübersteht, das mit dem Satz „Wart nur, bis dein Vater heimkommt" vor ihm gewarnt worden ist.

Wie können Sie die Problemlösungsmethode anwenden, um auf den Trotz Ihres Kindes, seinen aufsässigen Tonfall und seine Widerworte zu reagieren?

Ich schlage vor, dass Sie ihm folgende Fragen stellen:

> „Wie, glaubst du, fühlen wir uns, wenn du so mit uns sprichst?"
> „Wie fühlst du dich, wo du jetzt weißt, wie wir uns wegen deiner Aufsässigkeit fühlen?"
> „Kannst du dir eine andere Möglichkeit vorstellen, mit uns zu reden, damit wir uns nicht schlecht (traurig, enttäuscht etc.) fühlen?"

Wenn wir unseren Kindern Fragen stellen, statt ihnen zu sagen, wie uns zumute ist, beginnen sie, darüber nachzudenken, wie ihr Verhalten auf andere Menschen wirkt. Bittet man sie, ihre wahren Emotionen zu artikulieren, so hilft man ihnen, diese Gefühle zu *erleben*, und nicht nur, sie auszusprechen.

Als Joannas Mutter ihre Tochter fragte, ob sie in anderer Weise mit ihr sprechen könnte, war Joanna überrascht. Sie schaute ihre Mutter an und lächelte verwirrt. Dann, nach einer langen Pause, sagte sie: „Gut, Mama. Ich blas in Zukunft nicht mehr auf der Pfeife."

Hätte Joanna weiterhin auf der Pfeife geblasen, hätte ihre Mutter sie ihr – um Ruhe zu haben – einfach wegnehmen können. Sie hätte ihrer Tochter sogar unmissverständlich zu verstehen geben können, wie wütend sie war. Meines Erachtens können Eltern durchaus sagen, dass sie wütend sind. Das Gegenteil wäre unnatürlich; außerdem ist Wut eine Emotion, mit der Kinder zurechtzukommen lernen müssen. Aber selbst wenn die Pfeife außer Reichweite ist, kann die Mutter im Gespräch mit Joanna die Problemlösungsmethode anwenden, um ihre Tochter anzuleiten, auf andere Menschen Rücksicht zu nehmen.

Es brauchte eine ganze Weile, bis Annie und Joanna ihr Verhalten änderten. Aber ebenso wie wir von unseren Kindern verlangen, in einer anderen Weise mit uns zu sprechen, wenn sie quengeln, Forderungen stellen oder uns ignorieren, sollten wir auch von uns selbst verlangen, anders mit unseren Kindern zu sprechen – anstatt auf altbekannte Redensarten wie „Sprich nicht in diesem Tonfall mit mir" oder „Warte nur, bis dein Vater nach Hause kommt" oder „Spreche ich eigentlich gegen eine Wand?" zurückzugreifen.

Trödeln: Trotz oder Gedankenlosigkeit?

„Jetzt nicht."
„In ein paar Minuten."
„Später."

Viele Kinder sagen so etwas viel häufiger, als ihnen bewusst ist. „Meine Kinder tun das, worum ich sie bitte, niemals sofort", klagen Eltern. „Sie trödeln, egal ob es Zeit ist, sich für die Schule fertig zu machen oder zu ihrer Großmutter zum Abendessen zu gehen."

Kommt Ihnen folgende Szene vertraut vor? Es ist sieben Uhr dreißig am Morgen und Ihr Kind, das sein Frühstück essen sollte, ist eben erst dabei, sich die Zähne zu putzen. Sie werden sich wahnsinnig beeilen müssen, um mit ihm noch rechtzeitig zur Bushaltestelle zu kommen. Sie sind gestresst und aufgebracht. Und Sie wissen, Ihr Kind trödelt nur herum, um Sie zu ärgern.

„Wenn du in fünf Minuten nicht fertig bist", sagen Sie, weil Sie jetzt die Geduld verlieren, „dann verlasse ich das Haus ohne dich." Aber was hätte das für einen Zweck?

Viele Eltern fassen die Trödelei ihrer Kinder ganz automatisch als Trotz oder bewusstes Opponieren auf. Werden mit solchen Verzögerungstaktiken immer nur Grenzen ausgetestet? Versuchen Kinder dann jedes Mal, eine bestimmte Situation unter ihre Kontrolle zu bringen? Bringen sie Sie absichtlich auf die Palme? Ist ihr Verhalten stets das, was es zu sein scheint?

Vielleicht nicht. Es ist gut möglich, dass Ihre Kinder Ihnen nicht absichtlich trotzen, sondern nur gedankenlos und abgelenkt sind – durch das Fernsehen, durch ihre Geschwister oder einen Anruf – oder sich nicht richtig konzentrieren können. Ebenso ist möglich, dass sie sich der Uhrzeit und der Notwendigkeit, einen Zeitplan einzuhalten, nicht bewusst sind oder sich nicht darum kümmern. Sagen Sie beispielsweise einem Fünfjährigen, er habe noch fünf Minuten, um sich fertig anzuziehen, so hat das keine wirkliche Bedeutung für ihn – und selbst wenn es so wäre, würde er die Ankündigung nicht als so dringlich erachten.

Vergessen Sie auch nicht, dass sehr kleine Kinder viel mehr Zeit benötigen, um ihre Hosen und Socken anzuziehen und ihre Schnürsenkel zuzubinden. Sie trödeln nicht, vielmehr üben sie sich in neuen Fertigkeiten. Wenn Sie sie zur Eile antreiben, können sie nicht mehr stolz auf ihre Leistungen sein.

Wenn Ihr Kind schon älter ist, aber noch immer herumtrödelt und sich beim Zurcchtmachen für die Schule zu viel Zeit lässt, dann können Sie ihm helfen, eine gewisse Struktur in den Ablauf zu bringen. Einigen Sie sich auf eine bestimmte Zeit an jedem Tag, wo Sie mit Ihrem Kind gemeinsam den nächsten Schultag vorbereiten. Achten Sie darauf, dass Sie *sich selbst* genügend Zeit dafür lassen. Stellen Sie ihm folgende Fragen:

„Was brauchst du für morgen in deinem Schulranzen?"
„Wo sind deine Stifte und Hefte? Wo ist dein Taschenrechner?"
„Brauchst du Turnshorts oder dein Musikinstrument?"

So half eine Mutter ihrem achtjährigen Sohn, eine Lösung für sein „Trödelproblem" zu finden: Zu Beginn einer jeden Woche erstellten beide gemeinsam eine morgendliche Checkliste der Dinge, die der Junge an den folgenden Tagen mitzubringen hatte: zum Beispiel dienstags Bücher aus der Bücherei, montags und mittwochs das Heft für Grammatik. Die Liste umfasste außerdem die Termine, an denen bestimmte Projekte fällig waren, und auch die täglichen Verrichtungen, wie Anziehen und Zähneputzen. „Mein Sohn liebt es, jede Sache für jeden Tag abzuhaken. Dadurch konzentriert er sich darauf, was er als Nächstes zu tun hat, ohne dass ich ihm gut zureden müsste", erzählte mir seine Mutter. Hätte sie ihn in die Erstellung der Liste nicht miteinbezogen, so hätte er sich wohl geweigert, sie zu verwenden, so ihre eigene Einschätzung. Und da hatte die Mutter vermutlich Recht.

Sie können Ihr Kind noch aktiver einbeziehen, indem Sie es bereits an den Vorbereitungen für den Schulunterricht teilnehmen lassen. Zum Beispiel können Sie:

- zusammen das richtige Zubehör kaufen gehen und es Ihrem Kind überlassen, seinen eigenen Ranzen auszusuchen;
- Ihr Kind fragen, was es für die Pausen zum Essen mitnehmen will;
- Ihr Kind in die Zubereitung der Pausenbrote und der Zutaten für das Mittagessen einbeziehen;
- es ihm überlassen, seine Kleider am Vorabend für den nächsten Tag auszuwählen – und verziehen Sie bloß keine Miene, wenn Sie mit der Wahl nicht einverstanden sind!

Wenn Ihr Kind dann *noch immer* trödelt, sollten Sie ihm einige Fragen stellen, wie zum Beispiel:

> „Was könnte passieren, wenn du so lange brauchst, um dich anzuziehen?"
> „Wie wirst du dich fühlen, wenn du zu spät zur Schule kommst?"
> „Was kannst du heute Abend tun, damit du morgen nicht zu spät dran sein wirst?"

Im Gespräch habe ich erfahren, dass viele Kinder, die morgens trödeln, nichtsdestotrotz Angst haben, sie könnten morgens den Bus verpassen. Sie haben einfach noch nicht richtig begriffen, dass ihr zu langsames Anziehen der Grund dafür ist. Sie können Ihr Kind zu dieser Erkenntnis bringen, indem Sie es fragen: „Was könnte passieren, wenn der Bus kommt und du nicht da bist?"

Trödelt Ihr Kind jedoch, weil es nicht in die Schule gehen möchte, dann sollten Sie mit ihm darüber sprechen, warum das so ist. In diesem Fall ist das Problem nicht das Trödeln selbst – es ist vielmehr eine Reaktion auf das Problem, das Ihr Kind in der Schulc hat.

Wenn Sie Ihr Kind ermuntern, darüber nachzudenken, was es eigentlich tut, wenn Sie es in den Prozess des Vorausplanens miteinbeziehen und ihm genug Zeit zugestehen, um das zu tun, was es eben zu tun hat, dann werden Sie beide viel weniger unter Stress leiden. Ihr Kind wird dann den Tag mehr genießen – und Sie auch.

Helfen Sie Ihrem Kind, nicht mehr zu petzen

Vielleicht fällt Ihnen das Verhaltensmuster einige Tage lang gar nicht auf. Aber nach und nach beginnen Sie zu begreifen, dass Ihre achtjährige Tochter jedes Mal, wenn sie aus der Schule kommt, des Langen und Breiten berichtet, wer wem was angetan hat. Und Sie hören nun genauer hin, als sie erzählt, dass sie der Lehrerin verraten hat, was sich hinter ihrem Rücken abspielt. Außerdem fällt Ihnen auf, dass Ihr Kind von anderen Kindern nicht mehr so oft zum Spielen aufgefordert wird wie früher.

Und jetzt erkennen Sie, dass Ihre Tochter sich in eine „Petze“ zu verwandeln droht. Schlimmer noch, die Kinder aus ihrer Klasse merken es allmählich auch.

Sie sagen zu Ihrer Tochter, sie solle damit aufhören, da sie ansonsten bald keine Freunde mehr haben und niemand ihr mehr vertrauen werde. Doch sie scheint Ihre Warnungen nicht wahrzunehmen. Sie versuchen ihr klarzumachen: Wenn du die anderen weiterhin verpetzt, werden die bald dasselbe mit dir tun. Doch auch das scheint sie nicht zu hören. Was also können Sie tun?

Jane, neun Jahre alt, meinte, ihr Lehrer würde sie lieber mögen, wenn sie ihn über das Tun und Treiben ihrer Klassenkameraden informierte. So erzählte sie dem Lehrer beispielsweise, dass Faye das Rechenheft von Adrienne zerrissen hatte. Aufgrund dessen musste Faye während der Pause im Klassenzimmer bleiben. Jane kam sich ganz groß vor. Doch Faye weigerte sich, nach dem Unterricht mit ihr zu sprechen, und ließ Jane wissen, was sie von ihrem Verhalten hielt.

Janes Mutter sprach mit ihrer Tochter darüber, wobei sie die Problemlösungsmethode anwandte:

Mutter: Was ist passiert, nachdem du dem Lehrer erzählt hattest, was Faye getan hat?
Jane: Faye wurde total wütend. Sie hat zu mir gesagt, sie will nicht mehr meine Freundin sein.
Mutter: Wie fühlst du dich deswegen?
Jane: Traurig.
Mutter: Was kannst du tun, wenn du das nächste Mal drauf und dran bist, jemanden zu verpetzen, damit es nicht passiert und du dich dann auch nicht so fühlst?
Jane: Es lieber sein lassen.

Kinder, die darüber nachdenken können, was sie tun und warum, werden mit der Zeit mühelos erkennen, wie andere Kinder sich fühlen. Von dieser Erkenntnis ausgehend ist es nur ein kleiner Schritt für sie, herauszufinden, in welcher Weise sie das nächste Mal anders und besser handeln sollten.

Wenn Kinder ständig petzen, haben sie vielleicht – wie Jane – das Gefühl, der Lehrer würde sie nicht mögen. Vielleicht hat der Lehrer sie einmal angebrüllt oder in einem schroffen Ton mit ihnen gesprochen. Anhand der Problemlösungsmethode können Sie Ihr Kind fragen, was geschah, bevor der Lehrer es grob anfuhr. Vielleicht hatte das Kind während des Unterrichts geschwätzt oder war einer Aufforderung nicht nachgekommen. In diesem Fall hat es vermutlich gepetzt, um die Gunst des Lehrers zurückzuerlangen.

„Mama, der Lehrer hat mit Billy geschimpft, weil er anderen Kindern Schimpfworte an den Kopf geworfen hat", erzählte die siebenjährige Carrie, gleich nachdem sie aus der Schule gekommen war. Carries Mutter wusste nicht recht, ob sie ihren Sohn wegen der Beschimpfungen bestrafen oder Carrie dafür danken sollte, dass sie es ihr verraten hatte, oder beides. Am nächsten Tag kam Carrie mit einer weiteren Geschichte über ihren Bruder nach Hause. Das gab der Mutter zu denken. Warum meinte Carrie, petzen zu müssen? Dann wurde ihr bewusst, dass sie in letzter Zeit von einigen Problemen in der Arbeit sehr in Anspruch genommen worden war und dass Carrie wahrscheinlich um ihre Aufmerksamkeit warb.

Doch wenn sie Carrie jetzt ihre volle Aufmerksamkeit schenkte, würde ihre Tochter dies vielleicht als Belohnung für ihr Petzen deuten. Daher bat sie sie stattdessen, darüber nachzudenken, wie ihr Bruder sich wohl fühlen würde, wenn er wüsste, dass sie zu Hause erzählte, wie er andere Kinder in der Schule beleidigte, und was wohl passieren würde, wenn er herausfand, dass sie ihn verpetzte.

„Er wäre wütend", erwiderte Carrie.

„Kannst du dir eine *andere* Art und Weise vorstellen, meine Aufmerksamkeit zu bekommen?"

Carrie dachte einen Augenblick nach, lächelte und sagte dann: „Mama, ich habe heute in der Schule ein Bild gemalt.

Möchtest du es sehen?" So lernte Carrie allmählich, mehr Verständnis für die Bedürfnisse ihres Bruders wie auch für ihre eigenen aufzubringen.

Ein älteres Kind, das sieht, wie sein jüngeres Geschwister neben einem heißen Backofen spielt, muss dies seiner Mutter sofort mitteilen. Ein Kind, das miterlebt, wie jemand verprügelt wird, oder eine glaubwürdige Drohung hört, muss daraufhin sofort eine Autoritätsperson verständigen. Und ein Kind, das sieht, dass ein anderes Kind sich wie ein Tyrann aufführt und Tag für Tag andere drangsaliert, muss seinen Lehrer oder die Erzieherin davon in Kenntnis setzen.

Sie können Ihrem Kind helfen, zwischen Petzen und jemanden Schützen zu unterscheiden, indem Sie ihm in einer ruhigen Stunde beispielsweise folgende Fragen stellen:

> „Aus welchem Grund könntest du den Wunsch haben, jemandem zu erzählen, was ein anderer tut?"
> „Besteht die Gefahr, dass jemand wirklich verletzt wird?"
> „Ist es wirklich hilfreich, wenn du es weitererzählst?"
> „Vorausgesetzt, es wird niemand verletzt – was könnte passieren, wenn du trotzdem petzt?"
> „Kannst du dir vorstellen, etwas anderes statt des Petzens zu tun, was zur Lösung des Problems beiträgt?"

Während Sie das Kind vom Petzen abbringen, können Sie ihm klar machen, wann es Erwachsenen bestimmte Dinge mitteilen sollte. Erklären Sie ihm, dass es verantwortungsbewusst ist, wenn man Erwachsenen mitteilt, dass sich jemand in bestehender oder drohender Gefahr befindet.

„Du lügst!“

Während Ihr zehnjähriger Sohn durchs Wohnzimmer rannte, hat er Ihren Lieblingsblumentopf zerbrochen. „Das war ich nicht!“, schreit er und gibt stattdessen seinem Bruder die Schuld.

Ihr Achtjähriger hat einen Ball geworfen und eine Fensterscheibe in Ihrem Haus zertrümmert. „Das habe ich nicht getan!“, behauptet er steif und fest, „das war ein anderer Junge.“

Ihre Vierjährige hat Saft auf den Fußboden geschüttet und verkündet: „Das war Johnny.“

Ihre Tochter klingt aufrichtig – aber Sie wissen, dass sie lügt. Sie schimpfen: „Du kannst wohl immer noch nicht wahr von unwahr unterscheiden!“ Aber das hilft nichts. Sie haben versucht, ihr die Tugend der Wahrheitsliebe nahe zu bringen, ihr erklärt, dass Lügen eine schlechte Lage nur noch schlimmer macht. Aber letzten Endes stoßen alle Ihre Worte auf taube Ohren. Sie haben versucht, Ihr Kind für sein Lügen zu bestrafen, aber das scheint seinen Hang zur Unaufrichtigkeit nur noch zu verstärken. Es lügt nun, um sich weiteren Ärger vom Hals zu halten.

Niemand lernt, die Wahrheit zu sagen, wenn er angebrüllt wird. Im Folgenden wird gezeigt, wie Sie auf eine andere Weise mit Ihrem Kind darüber sprechen können, wie wichtig es ist, aufrichtig zu sein. Wenn Sie wissen, dass Ihr Kind ungerechtfertigterweise einem anderen die Schuld zuschiebt, dann fragen Sie es doch einmal:

> „Wie, glaubst du, fühle ich mich, wenn du deinem Bruder die Schuld zuschiebst?“
> „Wie, glaubst du, fühlt dein Bruder sich dann?“

„Was kannst du tun, damit wir, dein Bruder und ich, uns nicht so fühlen?"

Dann sollten Sie auf den Ausgang des misslichen Vorfalls (bzw. der Missetat) zu sprechen kommen: den zerbrochenen Blumentopf, die eingeworfene Fensterscheibe oder den verschütteten Saft. Stellen Sie Ihrem Kind Fragen, wie:

„Was könnte passieren, wenn verschütteter Saft auf dem Boden ist?"
„Wie würdest du dich fühlen, wenn das passierte?" (d.h. wenn du ausrutschen würdest)
„Was kannst du tun, damit es nicht passiert?"

Pam, vier Jahre alt, verschüttete versehentlich Saft auf dem Fußboden und schob dann ihrem Bruder die Schuld zu. Nachdem ihre Mutter ihr geholfen hatte, über die Gefühle anderer Menschen nachzudenken und zu erkennen, dass es wichtig war, die Wahrheit zu sagen, da sie ansonsten ihren Bruder gegen sich aufbrachte, versuchte sie, die Aufmerksamkeit ihrer Tochter auf das zu lenken, was als Nächstes zu tun war. „Was könnte passieren, wenn der Saft auf dem Boden bleibt?", wollte sie von Pam wissen. Zuerst gab die Kleine keine Antwort. Deshalb gab die Mutter ihr einen Wink, ohne jedoch die Frage direkt selbst zu beantworten, indem sie weiterfragte: „Was könnte wohl geschehen, wenn jemand den Saft nicht sieht und hineintritt?"

Jetzt verstand Pam, dass jemand ausrutschen und sich dadurch verletzen könnte. Gefragt, wie sie sich fühlen würde, wenn das passieren würde, sagte sie: „Traurig."

„Was kannst du tun, damit es nicht passiert?", fragte ihre Mutter.

Pam holte ein Papiertuch und wischte den Saft auf.

Wenn Sie wissen, dass Ihr Kind etwas kaputtgemacht oder etwas anderes getan hat, das es nicht eingestehen möchte, dann sollten Sie sich nicht auf die Tat selbst konzentrieren. Der Saft ist nun einmal verschüttet, der Blumentopf zerbrochen. Sie können ihn nicht mehr kitten, und Sie können nicht ändern, was geschehen ist – aber Sie können die Art und Weise ändern, in der Sie nach der Tat darüber sprechen, so wie Pams Mutter.

Anstatt sich auf das „Wer hat das getan?" zu konzentrieren, sollten Sie Ihre Aufmerksamkeit auf das „Was kannst du jetzt tun?" richten. Als dem Jungen, der den Blumentopf zerbrochen hatte, diese Frage gestellt wurde, beschloss er, Geld von seinem Taschengeld zu sparen, um seiner Mutter einen neuen Topf zu kaufen; und der Junge, der die Fensterscheibe eingeworfen hatte, versprach, zukünftig im Garten statt neben dem Haus Ball zu spielen. Beide Jungen hatten nicht länger das Bedürfnis, jemand anderem die Schuld zuzuschieben. Sie fühlten sich sicher genug, um die Wahrheit sagen zu können.

Kinder müssen sich sicher fühlen, damit sie sich trauen, die Wahrheit zu sagen. Wenn Ihr Kind fürchtet, angebrüllt zu werden, wird es zu viel Angst haben, um das Risiko einzugehen, das mit Aufrichtigkeit verbunden ist. Wie eine Zwölfjährige mir erklärte: „Ich habe keine Angst, die Wahrheit zu sagen, weil ich weiß, dass meine Eltern mich nicht verletzen werden."

Ist es nicht das, was Sie für Ihr Kind wollen?

Neuntes Kapitel

Körperliche Aggression: Kinder, die schikanieren und solche, die schikaniert werden

„Mama, Tommy hat mich geschlagen!"

Ist Ihr Kind schon einmal aus dem Kindergarten nach Hause gekommen mit der Klage: „Mama, Tommy hat mich geschlagen"? So sprach eine Mutter mit ihrem kleinen Sohn darüber:

Mutter: Schlag ihn zurück.
Kevin: Aber ich habe Angst davor.
Mutter: Ich will nicht, dass du so ängstlich bist.
Kevin: Ja, gut.

Eine andere Mutter versuchte es so:

Mutter: Schlag ihn nicht zurück, erzähl es lieber dem Lehrer.
Danny: Aber dann werden die anderen mich Petze nennen.
Mutter: Wenn du es dem Lehrer nicht erzählst, wird Tommy dich weiter schlagen.

Der jeweilige Rat mag ganz unterschiedlich klingen, aber in Wirklichkeit wandten beide Mütter dieselbe Methode an: Beide übernahmen es, für ihre Kinder zu denken. Keiner der zwei Jungen musste überlegen, was er tun sollte – nur, wie er es tun sollte.

Und so ging Kevins Mutter mit derselben Situation um, indem sie die Problemlösungsmethode nutzte:

Mutter: Was ist passiert, *bevor* er dich geschlagen hat?
Kevin: Ich habe ihn Dummkopf genannt.
Mutter: Wie hatte er sich denn verhalten?
Kevin: Er hat mein Buch zerrissen.
Mutter: Wie hast du dich gefühlt, als er dein Buch zerrissen hat?
Kevin: Ich war wütend.
Mutter: Und wie, glaubst du, hat er sich gefühlt, als du ihn einen Dummkopf nanntest?
Kevin: Auch wütend.
Mutter: Kannst du dir vorstellen, etwas *anderes* zu machen, damit er dich nicht schlägt und ihr beide nicht wütend seid?
Kevin: Ich könnte sein Buch zerreißen.
Mutter: Und was würde dann passieren?
Kevin: Wir würden miteinander ringen.
Mutter: Möchtest du das denn?
Kevin: Nein.
Mutter: Kannst du dir vorstellen, etwas *anderes* zu machen, damit das nicht geschieht?
Kevin: Ich könnte ihm sagen, dass ich nicht mehr sein Freund sein will.
Mutter: Das ist tatsächlich eine *andere* Möglichkeit. Gute Überlegung.

In dieser Szene sagte Kevins Mutter ihrem Sohn – der erst vier Jahre alt war – nicht, was er tun sollte. Stattdessen half sie ihm denken. Und sie lobte ihn für die *Art und Weise*, in der er über sein Problem nachdachte, anstatt für die spezielle Lösung oder den Ausgang des Problems. Je mehr Kevin sich in seinen Problemlösungsfähigkeiten übt, desto eher wird er sie das nächste Mal anwenden, wenn er mit einer schwierigen Situation konfrontiert ist.

Zusätzlich förderte Kevins Mutter sein Mitgefühl, indem sie ihn ermutigte, sowohl seinen eigenen als auch Tommys Gefühlen Beachtung zu schenken, und diese Fähigkeit wird ihm zukünftig helfen, gute Beziehungen zu entwickeln. Kevin wird sich daran gewöhnen, andere Menschen gut zu behandeln – und zwar, weil er es will, nicht, weil er Bestrafung fürchtet.

Wenn Ihr Kind andere verletzt

Ihr fünfjähriger Sohn schlägt einen Freund, der sich weigert, ein Spielzeug mit ihm zu teilen.

Ihr vierjähriger Sohn gibt seiner Schwester einen Fußtritt, weil sie beim Fernsehen zu der Show umschaltet, die sie sehen will.

Ihre dreijährige Tochter beißt und schreit, wenn sie ihren Willen nicht bekommt.

Sie sagen Ihrem Kind, es solle „freundlich sein", aber das Problem ist, dass sich Kinder, wenn sie wütend sind, nun einmal nicht *freundlich* fühlen.

Sie versuchen, Ihrem Kind zu erklären, dass es anderen Menschen wehtut – aber wenn es wütend ist, sind ihm die anderen völlig gleichgültig.

Jetzt sind Sie ratlos. Was können Sie tun? Sie können das Kind bestrafen. Das mag dazu führen, dass es aufhört, zu schlagen oder zu treten, aber es wird nichts daran ändern, wie Ihr Kind sich fühlt. Vielleicht sind Sie nahe daran, zu resignieren. Aber dann wird Ihr Kind nicht lernen, künftig anders auf Frustration oder Wut zu reagieren.

Sie sollten Ihrem Kind beibringen, seine Aggressionen in eine neue Richtung zu lenken – je früher es dies lernt, desto besser. Forschungen haben ergeben, dass Aggression, die bei kleinen Kindern zutage tritt, nicht von allein verschwindet und – je nach ihrer Häufigkeit und Intensität – ein Warnsignal dafür sein kann, dass das Kind später in der Schule auf Schwierigkeiten stoßen wird.

Anstatt zu erklären, zu brüllen, zu bestrafen oder wegzugehen, sollten Sie Folgendes versuchen:

Fragen Sie Ihr Kind: „Wie, glaubst du, fühlt sich dein Freund, wenn du ihn schlägst?" beziehungsweise: „Wie, glaubst du, fühlt sich deine Schwester, wenn du ihr Tritte gibst?"

Ihr Kind antwortet daraufhin vielleicht: „Sie ist wütend."

Nun sollten Sie fragen: „Was könnte dein Freund (oder deine Schwester) als Nächstes sagen oder tun?"

Ihr Kind wird daraufhin vermutlich sagen: „Mich zurückschlagen."

Dann fragen Sie: „Möchtest du denn, dass das passiert?"

Gibt Ihr Kind zu, dass es nicht will, dass solche Dinge geschehen – und die meisten Kinder wollen das nicht –, so können Sie es fragen: „Kannst du dir vorstellen, etwas *anderes* zu machen, damit es nicht passiert?"

Sie werden überrascht sein, zu hören, was Ihr Kind nun vorbringt.

In einem Augenblick der Wut biss die dreijährige Lucy ihren Vater. Als er kurz davor war, ihr einen Klaps zu geben und sie in ihr Zimmer zu schicken, fragte ihre Mutter sie: „Kannst du dir eine *andere* Art und Weise vorstellen, deinem Vater zu sagen, wie du dich fühlst?" Lucy hielt inne, schaute ihren Vater an und umarmte ihn. Ihre Geste stellte eine große Überraschung für die Eltern dar. Man bedenke nur, wie lange Vater und Tochter vielleicht böse aufeinander geblieben wären, hätte Lucys Mutter nicht diese einfache Frage gestellt!

Auch ältere Kinder können lernen, diese Art von Aggression zu zügeln. Henry, der in die fünfte Klasse ging, geriet regelmäßig in Wut, wenn ein Klassenkamerad ihn störte. Nachdem er an einem Lernprojekt in der Schule teilgenommen hatte, bei dem auch die Problemlösungsmethode gelehrt wurde, um Kindern zu ermöglichen, zu anderen gute Beziehungen herzustellen, schrieb Henry Briefe an Kinder in einem Krankenhaus und richtete Geschenkkörbe für sie her. Dies – und die Gespräche darüber, wie andere Menschen sich fühlten, wenn er sie drangsalierte – regte Henry an, anderen mehr Beachtung zu schenken. Er erzählte mir: „Als ich erfuhr, wie glücklich die Kinder im Krankenhaus waren, fühlte ich mich erwachsener. Ich empfinde anders als früher. Ich denke an andere Menschen, nicht nur an mich selbst." Curry Bailey, Leiter des betreffenden Lernprojekts in staatlichen Schulen und Koordinator eines Drogenpräventions- und Sicherheitsprogramms, sagte: „Viele Kinder, die sich wie Tyrannen aufführen, haben in Wirklichkeit Mitgefühl. Sie müssen nur lernen, es zu zeigen." Ich glaube, Henry hat es uns gezeigt.

Obwohl Bailey sich nur auf Kinder in Henrys Alter bezog, kann die Problemlösungsmethode auch viel jüngeren Kindern beim Nachdenken darüber helfen, was sie eigentlich tun und ob sie tatsächlich wollen, dass es passiert, obwohl sie selbst und andere sich schlecht dabei fühlen. Mit etwas Ermutigung seitens ihrer Eltern werden sie imstande sein, herauszufinden, was sie tun dürfen und warum das so ist.

Auszeit: nicht immer die beste Lösung

Setzen Sie gerne „Auszeiten" bzw. kleine Pausen ein, um Ihre Kinder zu dem Verhalten zu bewegen, das Sie von ihnen wollen? Viele Menschen befürworten diese Methode. Aber haben Sie sich jemals gefragt, was eine Auszeit Kindern wirklich vermittelt?

Wenn eine Auszeit als Zeit des Sammelns und der Beruhigung genutzt wird, kann sie sehr hilfreich sein. Nachdem alle zur Ruhe gekommen sind, ist es oft leichter, über die Vorfälle zu reden, die zu der Konfrontation geführt haben, und zu entwirren, wer wem was angetan hat.

Aber eine Auszeit kann auch falsch angewendet werden. Das geschieht, wenn sie in Gegenwart anderer Menschen verhängt wird, denn das kann sehr demütigend für ein Kind sein. Unter diesen Umständen ist die Zeitspanne, in der das Kind isoliert wird, ein langer Moment, in dem sich Wut und Frustration verstärken – oft bis zum Siedepunkt.

Auszeiten werden auch dann falsch angewendet, wenn sie verhängt werden, ehe die Eltern die Reichweite des Problems verstanden haben. Die Mutter des fünfjährigen Austin befahl ihm eine Auszeit, als er sich weigerte, nach dem Abendessen den Tisch abzuräumen. Sie war der Meinung, er sei nur trotzig. Bevor sie ihm eines Tages erneut eine Auszeit aufzwang, fragte sie ihn, warum er ihr nicht mit den Tellern helfen wollte. „Weil sie herunterfallen und kaputtgehen können", anwortete er. Erst jetzt begriff Austins Mutter, dass er sich nicht etwa dagegen sträubte, Arbeiten im Haushalt zu übernehmen, sondern vielmehr vor dieser speziellen Aufgabe Angst hatte. Als sie Austin fragte, womit er ihr gerne im Haushalt helfen würde, schlug er vor, er könne ihr beim Zusammenfalten der Wäsche behilflich sein. Austins Mutter wurde nun klar, dass sie die

Auszeit übereilt eingesetzt hatte – dass sie auf dieses Mittel zurückgegriffen hatte, ehe sie die wahre Ursache für den Widerstand ihres Sohnes kannte.

Manchmal werden Auszeiten – erfolglos – als Strafe benutzt. Ein Beispiel: Immer wenn David und Sam sich um einen Spielzeuglaster stritten, verordnete ihre Mutter ihnen eine Auszeit, das heißt, sie verlangte von den beiden, sich eine Weile auf zwei Stühle zu setzen, da sie hoffte, sie würden sich dadurch beruhigen. Doch stattdessen schrien beide jedes Mal: „Ich will aber keine Auszeit!" In diesem Fall lag das Problem darin, dass diese erzwungene Spielpause die Jungen von dem Spielzeug, von dem zu lösenden Problem und auch voneinander trennte. Wenn sie in dieser Situation überhaupt etwas dachten, dann wahrscheinlich, wie sie am schnellsten wieder zueinander oder zur Mutter kommen könnten. Die Zeit, die jeder für sich verbrachte, änderte nichts daran, wie die Kinder sich fühlten. Wenn sie etwas bewirkte, dann lediglich, dass die beiden Jungen sich schlechter fühlten. Sie hatten Zeit, ihre eigenen verletzen Gefühle zu hegen und zu pflegen, fanden jedoch nicht heraus, wie das Problem zu lösen war.

Nachdem die Mutter von David und Sam die Problemlösungsmethode gelernt hatte, handhabte sie dasselbe Problem anders; sie fragte jedes Kind, wie es sich fühle und ob es sich eine andere Art und Weise vorstellen könne, um das Problem zu lösen. David schaute Sam an, dachte einen Augenblick nach und sagte dann: „Du kannst den Lastwagen zuerst haben. Aber wenn ich an der Reihe bin, dann sag ich´s dir, und du musst ihn mir zurückgeben."

Sam war mit dieser Lösung zufrieden. David gab seinem Bruder den Lastwagen; beide lächelten sich an, und die ganze Sache war ein- für allemal erledigt. Es gab keine Machtspiele und kein Geschrei, und kein Gedanke an „Rache" staute sich innerlich auf. Vielmehr stellte sich heraus, dass es eine sehr praktikable Lösung war – und dazu eine besonders kreative, angesichts der Tatsache, dass die Kinder noch so klein waren: David war nämlich erst fünf und Sam drei.

Auszeiten funktionieren – aber nur, wenn sie in geeigneter Weise angewandt werden, das heißt, als eine Methode, mit der eine Beruhigung herbeigeführt wird, wenn die Gemüter in Aufruhr sind. Sie ist kein Ersatz für gute Kommunikation oder dafür, zu lernen, wie man Probleme löst.

Kinder erfahren mehr über sich selbst und andere, wenn sie Dinge aussprechen und ihre Angelegenheiten für sich selbst klären.

Schadet ein gelegentlicher Klaps?

Mitten in einem Streit mit seinem jüngeren Bruder („Das hab ich nicht getan" – „Doch, hast du") schlägt der fünfjährige Ivan den Jüngeren plötzlich ins Gesicht.

Beim ungeduldigen Warten am Bordstein, dass die Ampel endlich auf Grün schaltet, lässt die sechsjährige Becky plötzlich die Hand ihrer Mutter los und läuft auf die stark befahrene Straße.

Was würden Sie in diesen Situationen tun?

Ihr erster Impuls – und der vieler Eltern – besteht möglicherweise darin, Ihrem Kind einen kräftigen Klaps zu geben. Manche Eltern folgen diesem Impuls; andere schrecken davor zurück. Was ist besser?

Als ich Eltern fragte, warum sie ihre Kinder schlagen, sagten mir viele: „Weil es wirkt." Als ich weiterfragte, was sie damit meinten, erwiderten einige: „Dann hört er auf, seinen Bruder zu schlagen", oder: „Dann wird sie nicht noch einmal auf die Straße rennen."

Gestützt auf eine umfangreiche Erhebung über dieses Thema berichtet die Forscherin Elizabeth Gershoff von der Columbia University, dass 94 Prozent aller amerikanischen Eltern – eine erstaunlich große Zahl – ihre Kinder, sobald sie drei oder vier Jahre alt sind, schlagen, was von leichten Klapsen bis hin zu Prügeln gehen kann; dieses Ergebnis wird von der Psychologin Murray Straus bestätigt. Gershoff schließt daraus, dass Schläge wahrscheinlich ein bestimmtes Benehmen stoppen, das sich kurz zuvor manifestiert hat und unerwünscht ist. Wenn Sie als Mutter oder Vater in der Erziehung Ihrer Kinder auf Schläge zurückgreifen, dann werden Sie vielleicht überrascht sein, zu erfahren, was Gershoff herausfand:

- Schlagen ist eine Form der Überwältigung, das heißt, eine Machtdemonstration. Wenn Kinder sich machtlos fühlen, dann reagieren sie nicht nur mit Wut oder Frustration, sondern haben häufig auch das Bedürfnis, ihre Macht zurückzugewinnen, indem sie sie über andere Menschen ausüben, die sie als weniger bedrohlich wahrnehmen – zum Beispiel andere Kinder in der Schule. Und so entstehen aggressive Kinder, die andere tyrannisieren. Tyrannisieren ist ein Verhalten, mit dem man seine verlorene Macht wiederzuerlangen sucht.
- In dem Versuch, den Schlägen aus dem Weg zu gehen, meiden manche Kinder ihre Eltern – zumindest gefühlsmäßig. Das führt dazu, dass sie ihnen weniger vertrauen, was wiederum zur Folge hat, dass Kinder nicht mehr an die Werte glauben, die die Eltern ihnen vermitteln wollen.
- Schläge sind kein Erziehungsmittel, das heißt, sie machen Kinder nicht begreiflich, warum es gemein ist, auf

einen anderen loszugehen, oder warum es gefährlich sein kann, auf eine belebte Straße zu rennen, ohne vorher nach links und rechts zu schauen. Kinder, die geschlagen werden, reagieren oft damit, dass sie eine Möglichkeit suchen, zu tun, was sie wollen, ohne sich dabei erwischen zu lassen – oder indem sie impulsiv handeln, ohne an potenzielle Gefahren zu denken.

- Weil Schläge wirken, indem man einem anderen Menschen Schmerz zufügt, können Kinder dadurch zu der Annahme verleitet werden, dies sei ein probates Mittel, um seinem Ärger Luft zu machen. Sie denken dann: „Wenn Mama oder Papa mir wehtun können, dann darf auch ich jemandem wehtun, wenn ich wütend bin." Auf diese Weise verleiten die Schläge genau zu dem Verhalten, das sie eigentlich verhindern sollten.

Es gibt eine weitere unbeabsichtigte Folge, von der ich erfuhr, als ich einen vierjährigen Jungen fragte, warum er einem Spielkameraden einen Lastwagen weggeschnappt habe. Der Junge erwiderte: „Er hat mich geschlagen, aber das ist mir egal. Ich habe jetzt den Lastwagen."

Das ist eine erschreckende Aussage, weil es dem Jungen möglicherweise tatsächlich egal war, dass er geschlagen wurde. Manche Kinder, die zu Hause und in der Schule oft geschlagen werden, werden immun gegen den Schmerz – das heißt, sie gewöhnen sich daran, den momentanen Schmerz auszuhalten, damit sie bekommen, was sie wollen. Wenn Kinder unempfindlich gegenüber dieser Form der Disziplin geworden sind, haben wir die Kontrolle über sie verloren, denn es ist ihnen vollkommen gleichgültig, was wir tun.

Oft werde ich gefragt, was ich vom Schlagen als Bestrafungsmittel halte. Ich antworte dann nicht: „Geben Sie Ihrem Kind niemals auch nur einen Klaps", weil ich weiß, dass auch den besten Eltern in Momenten tiefer Frustration einmal die Hand ausrutschen kann. Doch wenn Sie sich auf Schläge als Erziehungsmittel verlassen, kann das unabsehbare Folgen haben. Die gravierendste ist vielleicht die, dass Ihr Kind dadurch verleitet wird, seinen eigenen Gefühlen keine Beachtung zu schenken. Lernen, seine eigenen Gefühle zu beachten, ist der erste Schritt zur Entwicklung von Mitgefühl.

Bonnie Aberson, die mit Familien arbeitet, erzählte mir, ein Vater, der aufrichtig geglaubt hatte, die Prügelstrafe sei das beste Mittel, seinen Sohn daran zu hindern, den jüngeren Bruder zu drangsalieren, habe eine innere Wandlung vollzogen, nachdem er von den Alternativen der Problemlösungsmethode erfahren hatte. „Ich hatte versucht, Macht auszuüben, aber ich fühlte mich machtlos dabei", erklärte er. Dieser Vater und sein Sohn haben gelernt, Worte einzusetzen statt ihrer Hände.

Wenn Sie zur Durchsetzung Ihres Willens auf körperliche Gewalt zurückgreifen, dann kann es geschehen, dass Ihr Kind sich am Ende vor Ihnen fürchtet und Ihnen misstraut, ja Sie unter Umständen sogar meidet – genau das Gegenteil dessen, was Sie anstreben.

Zehntes Kapitel
Seelische Aggression

Wenn Vorschulkinder anderen wehtun

Rachel und Tammy, zwei Vierjährige, die in denselben Kindergarten gingen, spielten oft zusammen, aber in letzter Zeit war Rachel sehr bestimmend geworden. Als Tammy sich einmal weigerte, die Rolle des „Babys" in der Puppenecke zu übernehmen, drohte Rachel ihr: „Wenn du nicht das Baby sein willst, bin ich nicht mehr deine Freundin!" Als Tammy sich daraufhin noch immer weigerte, zu tun, was Rachel verlangte, fügte Rachel hinzu: „Und ich lade dich dann auch nicht zu meiner Geburtstagsparty ein." Als Tammy dennoch ungerührt blieb, dachte sich Rachel etwas aus, womit sie ihre Freundin wirklich verletzen konnte. Sie ging zu den Kindern, die bereits in der Puppenecke spielten, und sagte ihnen, sie sollten Tammy nicht zu sich hineinlassen.

Tammy, die jetzt sehr aufgebracht war, erzählte der Erzieherin, dass die anderen Kinder sie nicht in die Puppenecke ließen; aber sie wusste nicht, warum sie sich so verhielten, bis ein Kind es verriet und berichtete, Rachel habe ihnen befohlen, Tammy nicht hereinzulassen.

Die Erzieherin, die dieses verletzende Verhalten im Keim ersticken wollte, informierte Rachels Mutter über den Vorfall. Die reagierte mit großem Erstaunen. Soviel sie wusste, hatte Rachel noch nie zuvor so etwas getan. Als die Mutter ihre Tochter fragte, warum sie sich so verhalten habe, antwortete Rachel, sie wisse es nicht. Und angesichts einer so allgemein gehaltenen Frage war Rachel wahrscheinlich tatsächlich nicht bewusst, was sie dazu gebracht hatte, ihre Freundin so zu verletzen. Die Mutter erklärte ihrer Tochter, wie schlecht sich Tammy aufgrund Rachels Verhalten nun fühle, aber Rachel schien das nicht weiter zu kümmern. Jetzt war die Mutter sehr betroffen. Da sie gelernt hatte, im Gespräch mit ihrer Tochter die Problemlösungsmethode anzuwenden, stellte sie ihr ganz bestimmte und konkrete Fragen, die sie anregen sollten, noch mehr darüber nachzudenken, inwieweit das, was sie getan hatte, nicht nur ihrer Freundin, sondern auch ihr selbst schaden würde.

Mutter: Rachel, hat Tammy dir heute im Kindergarten etwas angetan, das dich ärgerlich gemacht hat?
Rachel: Ich habe zu ihr gesagt, sie soll das Baby sein und ich die Mama, aber sie wollte nicht mit mir spielen.
Mutter: Und was für ein Gefühl hat das in dir ausgelöst?
Rachel: Ich war wütend.
Mutter: Was hat sie noch zu dir gesagt?
Rachel: „Ich bin kein Baby."
Mutter: Glaubst du, sie wollte nicht mit dir spielen oder sie wollte nur nicht das Baby sein?
Rachel: Ich weiß nicht.
Mutter: Du warst also so ärgerlich, dass du sie wirklich verletzen wolltest. Was hast du dann getan?
Rachel: Ich weiß nicht mehr.
Mutter (*hilft ihr, sich zu erinnern, wobei sie ihrer Stimme ganz bewusst keinen bedrohlichen Tonfall gibt*): Was hast du zu den Kindern im Puppenhaus gesagt?

Rachel: Ich habe ihnen gesagt, sie sollen Tammy nicht hereinlassen.
Mutter: Wie, glaubst du, hat Tammy sich daraufhin gefühlt?
Rachel: Wütend.
Mutter: Wolltest du sie wirklich so sehr verletzen?
Rachel: Ja!
Mutter (erkennt, dass diese Wut vielleicht in der Hitze des Gefechts entstanden ist): Was könnte geschehen, wenn du deine Freundinnen auf diese Weise verletzt?
Rachel: Dann werden sie nicht mehr mit mir spielen.
Mutter: Und, willst du das?
Rachel: Nein.
Mutter: Wenn Tammy nicht das Baby sein wollte – wie hättest du herausfinden können, was sie tun wollte?
Rachel: Ich hätte sie fragen können.
Mutter: Gute Überlegung. Du bist eine gute Problemlöserin.

Vielleicht war Rachel nicht imstande, ihr bestimmendes Verhalten an einem einzigen Tag abzustellen, aber diese Art Dialog ermöglichte immerhin einen Anfang. Zuerst einmal half Rachels Mutter ihrer Tochter, das wahre Problem zu erkennen: dass Tammy lediglich nicht das „Baby" sein wollte und nicht, dass sie nicht mit Rachel spielen wollte. Das Wichtigste jedoch war: Rachels Mutter wusste, wenn sie mit ihrer Tochter weiterhin die Problemlösungsmethode praktizierte, könnte sie damit Verhaltensweisen im Keim ersticken, mit denen das Mädchen ansonsten später bei Gleichaltrigen anecken würde.

„Peter hackt auf mir herum!" – Wie Sie Ihrem Kind helfen, wenn es gehänselt wird

Der zehnjährige Terry beklagte sich, weil Peter, ein Klassenkamerad, ihn immer wieder mit Schimpfworten bedachte. Terrys Vater empfahl seinem Sohn, Peter zu ignorieren, wegzugehen oder es dem Lehrer zu sagen. Auf diesen Rat hin beachtete Terry Peters Sticheleien nicht mehr und entfernte sich von ihm, klagte aber später dennoch, er sei immer noch traurig, frustriert und wütend. Außerdem machte er sich Sorgen, wenn er es dem Lehrer erzählte, könnten die anderen Kinder es herausfinden und sich wegen seines „Petzens" an ihm rächen – was ihn dann noch mehr schmerzen würde.

Terrys Vater weiß nun nicht mehr, was er Terry vorschlagen soll, aber er glaubt, dass er eine Lösung finden muss. Doch es wäre hilfreicher, wenn er seinen Sohn dazu bringen könnte, sich seine eigenen Lösungen auszudenken. Um Terrys Fähigkeit, Probleme zu lösen, zu fördern, kann er ihm folgende Fragen stellen:

> „Warum, glaubst du, hat Peter das Bedürfnis, auf dir herumzuhacken?"
> „Gibt es noch einen anderen Grund?"
> „Wie, glaubst du, fühlt er sich?"
> „Wie fühlst du dich, wenn dich jemand hänselt?"
> „Was kannst du tun oder sagen, wenn jemand so etwas tut?"

Solche Fragen konzentrieren die Aufmerksamkeit der Kinder auf die Gefühle – auf die eigenen, aber auch auf die Gefühle der anderen. Das hilft den Kindern zu begreifen, dass Beziehungen stets auf Gegenseitigkeit beruhen und dass sie andere so behandeln sollten, wie sie selbst behandelt werden möchten. Darüber hinaus erkennen die Kinder allmählich, dass Menschen aus unterschiedlichen Gründen so handeln, wie sie handeln.

Zum Beispiel war der zehnjährige Marc böse auf seinen Klassenkameraden Jon, der Marc ständig wegen seiner Zahnspange hänselte. Nach einem Problemlösungsgespräch mit seinem Vater fing Marc an, sich zu fragen, *warum* Jon sich wohl so verhielt. Eines Tages fiel ihm auf, dass Jon nie richtig froh aussah. Als sie das nächste Mal zufällig zusammen auf dem Schulhof eintrafen, fragte Marc Jon, was mit ihm los sei. „Ich kann es einfach nicht fassen, dass meine Eltern sich scheiden lassen haben", sagte Jon ruhig. „Ich bin es einfach gewöhnt, dass beide da sind. Jetzt hat meine Mutter jemand anderen gefunden, den sie zwar liebt, den ich aber nicht besonders mag." Diese Enthüllung half Marc, Jon andere Gefühle entgegenzubringen. Als Jon ihn das nächste Mal verspottete, entwaffnete Marc ihn, indem er zu ihm sagte: „Lass uns Freunde sein. Ich bring dir bei, wie man beim Basketball Körbe wirft." Heute sind beide Jungen die besten Freunde.

Es gibt noch andere Lösungen für Probleme dieser Art, und Kinder können ihre eigenen Lösungen finden, sobald sie die Fähigkeit des Problemlösens erworben haben. Die zehnjährige Lisa beispielsweise wurde ständig „Bohnenstange" genannt, weil sie so groß und dünn war. Nachdem ihre Mutter sie gefragt hatte: „Was kannst du tun, damit die anderen Mädchen dich nicht verletzen?", dachte Lisa angestrengt darüber nach. Da sie zu schüchtern war, um die Kinder direkt anzugehen, entschloss sie sich, der Rädelsführerin der Gruppe, die sie hänselte, einen Brief zu schreiben. In diesem Brief erklärte sie, wie sie sich fühlte. „Sie waren so überrascht, dass sie aufhörten, auf mir herumzuhacken", berichtete sie ganz glücklich.

Joey, ebenfalls zehn Jahre alt, wurde jedes Mal wütend, wenn einer seiner Klassenkameraden ihn wegen seines Übergewichts „Specki" nannte. Joey kannte die Problemlösungsmethode und versuchte, eine eigene Lösung zu finden. Clever, wie er war, machte er sich dabei seinen Sinn für Humor zunutze. Eines Nachmittags, als die Jungen anfingen, ihn „Specki" zu nennen, unterbrach er seine Beschäftigung, schaute ihnen direkt in die Augen und sagte mit einem leichten Lächeln: „Ja, und ich brutzele und zische." Die Kinder lachten und nannten ihn nie wieder Specki. Heute, vier Jahre später, ist Joey sehr beliebt und macht sich sehr gut in der Schule.

Als Terrys Vater seinem Sohn half, darüber nachzudenken, was er tun oder sagen könnte, wenn Peter ihn hänselte, kam auch Terry – und zwar ohne fremde Hilfe – auf eine einzigartige Idee: Als Peter ihn das nächste Mal mit einem Schimpfwort bedachte, während sie zusammen das Schulgebäude verließen, nahm Terry ein Stück Kaugummi, steckte es in den Mund und begann zu kauen. Als Peter ihn bat, ihm ein Stück abzugeben, erwiderte Terry: „Nein – weil du mir ein Schimpfwort an den Kopf geworfen hast." Terry wirkte damit nicht mehr schwach – und Peter hatte Terry zum letzten Mal gehänselt.

Auch Leonard, ein Fünftklässler, fand eine Möglichkeit, mit seinem Problem umzugehen, ohne schwach zu wirken. Nachdem er ständig wegen seiner „dämlich aussehenden Brille" gehänselt worden war, gewann er einen Aufsatzwettbewerb, was ihm Achtung seitens seiner Klassenkameraden einbrachte. „Wisst ihr", sagte er in freundlichem Tonfall zu ihnen, „ohne meine Brille hätte ich nicht sehen können, was ich schreibe."

Wenn Ihr Kind gehänselt wird, dann sollten Sie ihm helfen, sich auf seine Stärken zu besinnen. Vielleicht ist es besonders gut im Sport oder im Schachspielen oder hat eine Begabung fürs Theaterspielen. Indem das Kind darüber nachdenkt, was es gut kann, wird es ein positives Selbstwertgefühl bekommen. Und dieses Gefühl ist oft ansteckend – sobald Ihr Kind seine Fähigkeiten mehr wertschätzt, werden seine Klassenkameraden dies an seinem neuen Auftreten bemerken und das Kind in einem neuen Licht sehen.

Mit Ihrer Hilfe kann Ihr Kind lernen, bestimmte Verhaltensweisen zu ändern; es kann begreifen, dass es Dinge mit anderen teilen und sich bei der Benutzung von Gegenständen mit ihnen abwechseln muss. Ebenso kann es lernen, anders als zuvor auf Menschen zu reagieren, die es wegen irgendetwas hänseln, das nicht seiner Kontrolle unterliegt – wie zum Beispiel sein Aussehen. Um dem Kind das zu vermitteln, sollten Sie ein Brainstorming mit ihm machen, das heißt, Einfälle sammeln: Erstellen Sie gemeinsam eine Liste mit schlagfertigen Erwiderungen, die Ihr Kind das nächste Mal, wenn es gehänselt wird, geben kann. Manche Kinder setzen dabei ihren Humor ein: „Ich mag zwar hier, auf der Erde, als fett gelten, aber Menschen auf anderen Planeten finden mich sehr attraktiv." Andere Kinder antworten vielleicht ernsthafter: „Ihr findet mich zu dünn, aber wir sind körperlich einfach nur unterschiedlich gebaut. Jeder hat eben seine Figur."

In all den oben angeführten Situationen verwandelten Kinder ihre negativen Erfahrungen in positive. Die Dinge hätten sich für sie ganz anders entwickelt, wenn sie den üblichen Rat beherzigt und diejenigen ignoriert hätten, die sie gehänselt hatten, oder weggegangen wären oder es ihrem Lehrer erzählt hätten.

Warum ist es so wichtig für Kinder, dass sie in der Lage sind, Sticheleien, unter denen sie leiden, zu entkräften? Weil die daraus entstehenden emotionalen Narben sonst ein Leben lang Bestand haben. Ben, heute zwanzig Jahre alt, war ein magerer Teenager mit langen Beinen und kurzen Armen. Er wurde in der Schule ständig „Trottel" und „Depp" genannt. Obwohl er zu einem sehr attraktiven und beliebten jungen Mann herangewachsen ist, nimmt er sich selbst immer noch als „hässlich" wahr, hat Schwierigkeiten, Freundschaften zu schließen und dauerhafte Liebesbeziehungen einzugehen. Wäre Ben imstande gewesen, seine Opferrolle abzulegen, als er noch jünger war, *wäre* er heute vermutlich nicht nur beliebt – er würde sich auch beliebt *fühlen*.

Wenn Freunde gegenseitig anderen ihre Geheimnisse verraten

Hat sich Ihr Kind jemals aufgeregt, weil einer seiner Freunde sein Vertrauen missbraucht und etwas verraten hat, das es ihm mit der Bitte um Verschwiegenheit erzählt hatte?

Die zehnjährige Cara fühlte sich verletzt, weil ihre beste Freundin Suzanne einem anderen Mädchen erzählt hatte, dass Cara in einen älteren Jungen der Schule verliebt war. Situationen wie diese kommen im Leben eines Kindes in der Vorpubertät gar nicht so selten vor. Ein solcher Vertrauensbruch kann schmerzhafter und länger spürbar sein als ein Schlag auf die Nase. Cara hatte nicht nur den Eindruck, dass sie ihre beste Freundin verloren hatte; sie fühlte sich auch betrogen, weil jemand, der ihr wichtig war, sie selbst offenbar nicht für wichtig hielt.

Ein Kind, das in Caras misslicher Lage ist, können Sie zu trösten versuchen, indem Sie beispielsweise sagen: „Mach dem Mädchen klar, dass du verletzt bist, weil sie dein Vertrauen missbraucht hat." Sie können auch sagen: „Wenn du Angst hast, ihr zu sagen, wie du dich fühlst, dann bitte eine andere Freundin, es für dich zu tun." Sie können sogar sagen: „Wenn du ihr nicht mitteilst, wie du dich fühlst, wird sie solche Dinge immer wieder tun."

Obwohl all das gute Ratschläge sind, muss man doch auch einräumen, dass *Sie* dabei anstelle Ihres Kindes denken. Versuchen Sie deshalb, auf eine andere Weise mit Ihrem Kind darüber zu reden – mit Hilfe der Problemlösungstechnik. Im Folgenden sehen Sie, wie Caras Mutter ihrer Tochter half, über ihre eigenen Gefühle nachzudenken, und darüber, warum ihre Freundin ihr Vertrauen missbraucht hatte.

Mutter: Wie hast du dich gefühlt, als Suzanne jemand anderem dein Geheimnis verraten hast?
Cara: Ich war wütend – und sehr enttäuscht.
Mutter: Hast du eine Ahnung, warum sie das getan hat?
Cara: Ich weiß nicht.
Mutter: Überlege dir drei mögliche Gründe, warum Suzanne dich in Wut bringen und enttäuschen wollte.
Cara: Vielleicht war sie wegen irgendetwas ärgerlich auf mich. Vielleicht mag sie mich nicht mehr. Vielleicht hatte sie irgendein Problem und hat sich an mir abreagiert.
Mutter: Das ist eine gute Überlegung. Kannst du dir vorstellen, was du tun oder sagen könntest, um Suzanne wissen zu lassen, wie du dich fühlst?

Es half Cara, dass ihre Mutter sie aufforderte, darüber nachzudenken, warum Suzanne ihr Geheimnis verraten hatte. Am nächsten Tag fragte Cara Suzanne, warum sie sich so verhalten habe. Suzanne erklärte ihr, ihr Lehrer habe sie vor der ganzen Klasse angebrüllt, weil sie vergessen hatte, ihre Hausaufgaben zu machen, und darüber sei sie sehr aufgebracht gewesen. Jetzt verstand Cara, dass Suzanne ihre negativen Gefühle auf sie übertragen hatte und sie gar nicht persönlich hatte verletzen wollen.

Cara sagte Suzanne, dass sie dennoch sehr verletzt sei und nun nicht mehr mit ihr befreundet sein könne, da sie ihr nicht mehr traue. Suzanne fühlte sich daraufhin sehr elend; sie schämte sich, dass sie das Vertrauen ihrer Freundin missbraucht hatte, und versprach, es nicht wieder zu tun – und sie hielt ihr Versprechen.

Manchmal können die Folgen eines Vertrauensbruchs weit über verletzte Gefühle hinausgehen. Sie können dazu führen, dass ein Kind von Gleichaltrigen gehänselt wird, was die Auswirkungen des Betrugs noch verstärkt.

Andrew, sieben Jahre alt, der unter Ängsten litt, verriet seinem Freund Ronald, dass er nachts Albträume hatte und manchmal weinend aufwachte. Er dachte, er könne Ronald vertrauen, aber dieser erzählte anderen Schülern von Andrews Träumen. Als es sich herumsprach, wurde Andrew als „Heulsuse" gebrandmarkt, ein Spottname, der ihm monatelang nachging. Jetzt stand Andrew vor zwei Aufgaben: Ronald wissen zu lassen, wie er selbst sich wegen des Vertrauensmissbrauchs fühlte, und seine Mitschüler dazu zu bringen, dass sie ihn nicht mehr hänselten.

Nachdem Andrew mit seinen Eltern gesprochen hatte, erkannte er, wie verletzt er innerlich war. Er entschied, dass er sein Problem am besten löste, wenn er Ronald zuerst mit seinem Verhalten konfrontierte. „Jeder verspottet mich jetzt, und du bist schuld daran", sagte Andrew zu ihm. „Du hast damit angefangen, jetzt sorg gefälligst dafür, dass es wieder aufhört." Ein bestürzter und reumütiger Ronald bat seine Klassenkameraden, mit dem Gespött aufzuhören. Obwohl es Zeit brauchte, bis der Spitzname verschwand, verschaffte es Andrew ein gutes Gefühl, dass Ronald versuchte, seinen Fehler zu korrigieren; außerdem wusste er nun, dass Ronald ihn nicht noch einmal absichtlich verletzen würde.

Wenn Kinder die Initiative ergreifen, anstatt sich passiv „zurückzunehmen" und seelisch zu leiden, verwandeln sie Probleme in Situationen, die gelöst werden können. Auf diese Weise können Freundschaften gerettet werden, die anderenfalls verloren gewesen wären. Ja, sie können sogar gestärkt aus der Krise hervorgehen.

Wenn Kinder die Initiative ergreifen, anstatt sich passiv „zurückzunehmen" und seelisch zu leiden, verwandeln sie Probleme in Situationen, die gelöst werden können.

„Sie ist mir in den Rücken gefallen" – Wenn Kinder Gerüchte verbreiten

Theresa war eine der besten Schülerinnen der sechsten Klasse: Sie war sehr intelligent, bekam lauter Einser und arbeitete viel. Nach der Schule ging sie immer sofort nach Hause, um zu lernen. Sie hatte keine Verabredungen in der Freizeit. Nicht einmal in den Pausen schloss sie sich den anderen Mädchen auf dem Schulhof an, sondern zog es stattdessen vor, allein dazusitzen und zu lesen.

Mit der Zeit merkten die anderen Mädchen, wie sehr Theresa sich abkapselte, und sie folgerten daraus, dass sie hochnäsig sei. Ein Mädchen namens Judy schien das ganz besonders zu stören. „Wir wollen ihr mal zeigen, wer hier clever ist", sagte sie zu den anderen. Angeführt von Judy warteten die Mädchen einen Tag ab, an dem Theresa in der

Schule fehlte. Dann verfasste jede von ihnen ein Merkblatt für einen Test, den sie einige Tage zuvor geschrieben hatten, und legten diese „Spickzettel" unter Theresas Schreibtisch. Als Theresa in die Schule zurückkehrte, „fanden" die Mädchen die Spickzettel und sprachen laut darüber, dass Theresa bei dem Test geschummelt habe, bis die Lehrerin sie hörte. Wie sie gehofft hatten, bekam Theresa große Schwierigkeiten. Obwohl die Mädchen schadenfroh waren, hielten sie ihre Emotionen geheim; ja, sie brachten es sogar fertig, eine traurige Miene zu machen, weil Theresa so „unehrlich" gewesen war.

Theresa kam völlig am Boden zerstört nach Hause. Nicht nur war sie aufgebracht darüber, dass man ihr etwas anlastete, das sie nicht getan hatte, sondern sie war auch niedergeschlagen, weil ihre Klassenkameradinnen sich so gemein verhalten hatten.

Ihre Mutter wusste, dass sie ihrer Tochter helfen musste, bevor deren Emotionen außer Kontrolle gerieten. Allerdings wusste sie nicht recht, wie sie das anstellen sollte. Sie erwog, die Lehrerin anzurufen, kam aber zu dem Schluss, dass diese Theresas Unschuldsbeteuerung wohl keinen Glauben schenken würde, denn schließlich hatte die Lehrerin ja die „Spickzettel" konfisziert. Aber Theresas Mutter war auch klar, dass Theresa lernen musste, mit diesem Problem fertig zu werden. Und so sprach sie am Ende mit ihrer Tochter darüber:

Mutter: Deine Lehrerin hat mir gesagt, du hättest bei dem Test geschummelt. Sie fand Merkblätter in deinem Schreibtisch, die du angefertigt hattest.
Theresa: Ich habe mir keine Merkblätter gemacht.
Mutter: Wie, glaubst du, sind sie da hingekommen?
Theresa (beginnt zu weinen): Ich weiß nicht.

Mutter: Ich glaube dir. Kannst du dir vorstellen, auf welche Weise du deine Lehrerin davon überzeugen könntest, dass du nicht geschummelt hast?
Theresa (immer noch weinend): Nein, kann ich nicht. Sie würde mir sowieso nicht glauben.
Mutter: Ich bin mir ganz sicher, dass dir etwas einfallen wird. Lass dir Zeit.

Am nächsten Tag bemerkte Theresa, dass einige Mädchen sie anstarrten und kicherten, als sie das Klassenzimmer betrat. In diesem Augenblick begriff sie, dass diese Mädchen die „Spickzettel" in ihren Schreibtisch gelegt hatten. Als sie nach Hause kam, erzählte sie ihrer Mutter, was sie herausgefunden hatte.

Theresa: Mama, ein paar Mädchen haben die Aufzeichnungen in meinen Schreibtisch gelegt.
Mutter: Warum hätten sie das tun sollen?
Theresa: Sie mögen mich nicht, und sie sind gemein.
Mutter: Also, dann haben wir hier zwei Probleme: Eines hat mit der Lehrerin zu tun und eines mit den Kindern. Weißt du, welche Probleme vorliegen?
Theresa: Ja, ich muss die Lehrerin davon überzeugen, dass ich nicht geschummelt habe, und ich muss sicherstellen, dass die Kinder mir das nie wieder antun.
Mutter: Gut. Beginnen wir mit der Lehrerin. Was kannst du tun, damit sie dir glaubt, dass du nicht geschummelt hast?
Theresa: Ihr erzählen, was meine Mitschülerinnen getan haben.
Mutter: Was könnte passieren, wenn du das tust?
Theresa: Na ja, sie könnten sich dafür rächen.
Mutter: Was kannst du tun, damit das nicht passiert?

Theresa: Ich könnte meine Lehrerin bitten, mich einen neuen Test schreiben zu lassen, damit ich ihr zeigen kann, dass ich keinerlei Aufzeichnungen benutze.
Mutter: Das ist eine gute Überlegung. Lass uns jetzt über die anderen Mädchen sprechen. Warum, glaubst du, wollen sie dich so sehr verletzen?
Theresa: Ich weiß es nicht.
Mutter: Denk genau darüber nach. Hast du etwas getan oder gesagt, was die anderen dir vielleicht übel genommen haben könnten?
Theresa: Ich denke, sie sind eifersüchtig, weil ich bessere Noten habe als sie.
Mutter: Was könntest du tun, damit sie nicht so eifersüchtig auf dich sind?
Theresa: Vielleicht kann ich ihnen meine Hilfe bei den Hausaufgaben anbieten.
Mutter: Du bist eine hervorragende Problemlöserin. Wie fühlst du dich, wenn du Probleme so gut löst?
Theresa: Ich bin stolz.

Am nächsten Tag ging Theresa zu ihrer Lehrerin, erzählte ihr, was passiert war – ohne einen Namen zu nennen – und bot ihr an, den Test noch einmal zu schreiben. Als sie ihn gut bestand, wurde der Lehrerin klar, dass das Mädchen tatsächlich die Wahrheit gesagt hatte.

Damit war das eine Problem geregelt. Was die Beziehung zu ihren Klassenkameradinnen betraf, so begriff Theresa, dass sie, indem sie sich in den Pausen abkapselte, reserviert und hochmütig wirkte – obwohl sie sich gar nicht so fühlte. Sie bemühte sich nun, sich bei manchen Spielen den anderen anzuschließen. Das fiel ihr nicht immer leicht, aber sie versuchte es.

Außerdem begann sie darauf zu achten, welche Kinder

in welchen Fächern Schwierigkeiten hatten. Als sie sah, dass eines der beliebtesten Mädchen der Klasse Probleme mit seinen Hausaufgaben in Mathematik hatte, bot Theresa ihm ihre Hilfe an.

Wenn die Klassenkameraden jetzt über Theresa sprechen, dann darüber, wie hilfsbereit sie ist. Und Theresa fühlt sich doppelt klug – in der Schule und im Zusammensein mit ihren Mitschülerinnen.

Wie Sie Ihrem Kind helfen, wenn es ausgeschlossen wird

Kinder aller Altersgruppen erzählen mir, eines der Dinge, die sie am meisten fürchten, wäre, aus einer Gruppe ausgeschlossen zu werden. Der zehnjährige Randy kam weinend von der Schule nach Hause, weil kein Junge ihn beim Mittagessen aufgefordert hatte, sich zu ihm zu setzen. Die achtjährige Davida war völlig niedergeschlagen, weil sie zur Geburtstagsfeier einer Freundin nicht eingeladen worden war.

Freunde zu haben und sich von Gleichaltrigen akzeptiert zu fühlen, ist sehr wichtig für Jungen wie für Mädchen. Gary Ladd, einem Forscher an der University of Illinois zufolge, nimmt dieses Bedürfnis zu, während die Kinder heranwachsen und die Grundschulklassen durchlaufen.

Wenn ich selbst als Kind mit solchen Situationen konfrontiert war, sagte meine Mutter immer: „Mach dir keine Gedanken darüber. In zehn Jahren wirst du's vergessen haben."

Meine Mutter hatte die ehrliche Absicht, mich zu trösten und meinte, das würde sie damit tun, aber noch heute erinnere ich mich ganz genau daran, dass ich überhaupt keinen Trost empfand. Ich habe ihr das nie gesagt, weil ich ihre Gefühle nicht verletzen wollte, aber ihre Worte linderten meinen Schmerz nicht im Geringsten.

Kinder brauchen echte Hilfe bei den vielen komplizierten Problemen, die zwischen Freunden auftreten. Bietet man ihnen nichtssagende Trostworte an, geht man schnell über die Schwierigkeiten hinweg oder ignoriert man sie, so hilft das nicht und trägt auch nicht zur Überwindung der Probleme bei.

Die zehnjährige Ruth wurde von den Schülern, die in ihrer Klasse das Sagen hatten, bei Einladungen häufig übergangen oder von gemeinsamen Aktivitäten ausgeschlossen. Zuerst fragte ihre Mutter sie, wie sie sich deswegen fühle. Ruth sagte, sie sei traurig darüber, dass sie in manche Dinge nicht eingebunden werde, aber sie fühle sich auch getröstet, weil ihre Mutter sich die Zeit nehme, mit ihr über dieses Thema zu reden. Als Nächstes fragte die Mutter: „Was könntest du tun, damit du dich nicht mehr so elend deswegen fühlst?" Ruth dachte eine ganze Weile darüber nach, aber ihr fiel keine Antwort darauf ein.

Später an diesem Tag ging Ruth zu ihrer Mutter und sagte: „Vielleicht sollte ich versuchen, neue Freunde zu finden. Vielleicht sind diese Kinder es nicht wert, dass ich mir so viele Gedanken darüber mache. Ich werde ihnen nicht mehr hinterherlaufen." Als die Mutter Ruth aufforderte, sich zu überlegen, mit wem in ihrer Klasse sie Freundschaft schließen könnte, kam Ruth auf Lori, die, wie sie bald herausfand, das Gärtnern liebte. Eines Tages fragte Ruth Lori, ob sie Lust habe, mit ihr Samen zu pflanzen. Lori schien interessiert zu sein, aber sie sagte, sie müsse zuerst eine umfangreiche Hausaufgabe fertig stellen und habe große Mühe damit. Ruth bot ihr ihre Hilfe an, und Lori, überrascht und dankbar, nahm das Angebot an. Einige Tage später lud

Lori Ruth in ihren Garten ein, und es machte den beiden Mädchen großen Spaß, sich auszudenken, wo sie all die Samenkörner einpflanzen könnten. Sie sprachen außerdem viel über die Schule und über ihre Interessen. Mit der Zeit wurden sie gute Freundinnen. Lori führte Ruth in ihren Freundeskreis ein. Ruth fühlte sich nun nicht mehr ausgeschlossen.

Ruth lernte mehrere wichtige Lektionen aus dieser Erfahrung: nicht aufzugeben, kein negatives Selbstgefühl zuzulassen, sowie die Erkenntnis, dass sie die Fähigkeit besaß, ein Problem in eine Chance zu dessen Überwindung zu verwandeln. Darüber hinaus lernte sie, dass es Zeit braucht, wichtige Ziele zu erreichen, aber dass sich das Warten häufig lohnt.

Und das Wichtigste: Ruth war selbst auf die Idee gekommen. Hätte ihre Mutter diesen Plan vorgeschlagen, wäre Ruth dann wohl imstande gewesen, ihn mit derselben Energie und Überzeugung auszuführen? Hätte sie dann in demselben Maß Erfolg und Stolz erlebt?

Dritter Teil
Schlüsselqualifikationen für das Leben fördern

So wie wir Dehnübungen machen können, um unseren Körper beweglicher zu machen, können wir auch unseren Geist „dehnen“ und trainieren, um ihm mehr Flexibilität zu verleihen.

Sind Kinder, die Mühe haben, die an sie gestellten intellektuellen Anforderungen zu erfüllen, so sehr mit ungelösten emotionalen Problemen belastet, dass sie sich nicht auf die Schule konzentrieren können? Oder mangelt es Kindern, die schulische Probleme haben, an der Fähigkeit, mit ihren Klassenkameraden mitzuhalten, wodurch sie frustriert und interesselos werden und in manchen Fällen sogar die Neigung entwickeln, ihre Probleme gewaltsam auszuagieren? Helfen Kreativität und die Fähigkeit, „über den eigenen Tellerrand hinauszusehen", den Kindern, emotional, gesellschaftlich und intellektuell größere Erfolge zu erzielen?

Wie gut sich Ihr Kind in der Schule und im Leben entwickelt, hängt von vielen miteinander zusammenhängenden Faktoren ab: seiner Geschicklichkeit in sozialen Situationen, dem Verhalten des Kindes zu Hause und in der Schule, dem Grad seiner Motivation, etwas zu erreichen, und seinen Schulleistungen.

Im ersten und im zweiten Teil sprach ich darüber, dass ungelöste Probleme zu Verhaltensweisen führen können, die manchmal sogar schulische Erfolge beeinträchtigen.

Im dritten Teil möchte ich zeigen, dass das Erwerben der Fähigkeit, Probleme zu lösen, auch eine Auswirkung auf schulischen Erfolg haben kann – und wie diese beiden Dinge miteinander verflochten sind. Außerdem werde ich ganz besondere kreative Methoden vorstellen, mit deren Hilfe Sie einige Schlüsselqualifikationen für das Leben bei Ihrem Kind fördern können, die ihm helfen werden, gut in der Schule mitzukommen.

Nehmen Sie das Aufpassen im Unterricht – eine Fähigkeit, die gutes Zuhören erfordert. Haben Sie schon einmal erlebt, dass Sie mit einer Freundin oder mit Ihrem Kind sprachen und plötzlich merkten, dass Sie kein Wort von dem mitbekommen hatten, was der andere gesagt hat? Oder dass Sie auf eine Frage antworteten, die Sie zu hören meinten, die aber gar nicht gestellt worden war? Oder dass Sie nur einen Teil einer Frage beantworteten, den Rest aber ignorierten? Solche Dinge sind uns allen vermutlich schon einmal passiert. Doch Zuhören-Können ist eine Fähigkeit, die bei einem Kind unbedingt entwickelt werden muss. Ich beginne den dritten Teil dieses Buches, indem ich zeige, wie Sie Ihrem Kind helfen können, besser zuzuhören, und gleichzeitig selbst ein besserer Zuhörer werden – und zwar auf eine Weise, dass die Bindung zwischen Ihnen und Ihrem Kind neu gestärkt wird.

Die Forscher Karl Alexander, Doris Entwisle und Susan Dauber von der Johns Hopkins University fanden heraus, dass Aufpassen-Können schon in der ersten Klasse ein ganz entscheidender Faktor für schulischen Erfolg ist. Ferner ist wichtig: zu lernen, wie man Zeit effektiv nutzt, wie man das Interesse an einem Fach aufrechterhält und wie man aktiv am schulischen Alltagsgeschehen teilnimmt. Einer anderen Studie von Entwisle und Alexander zufolge sind schon die Fertigkeiten und Beschäftigungsgewohnheiten, die Kinder haben, wenn sie in den Kindergarten kommen, wesentliche Indikatoren für ihre Motivation und Leistungen während der kommenden Grundschuljahre.

Eine andere lebenswichtige Fähigkeit besteht darin, verantwortlich handeln zu können; auch sie trägt zum Erfolg in der Schule und im Leben bei. Kinder lernen Verantwortungsbewusstsein zuerst zu Hause, wenn sie sich um ihre täglichen Verrichtungen kümmern. Während sie heranwachsen, kann man ihnen auf vielerlei Arten helfen, verantwortungsbewusst zu werden: zum Beispiel indem man sie bittet, für ihr Alter geeignete Arbeiten im Haushalt zu übernehmen. Aber was können Sie sagen, wenn ein Kind sich dagegen sträubt? Und ist es möglich, das Konzentrationsvermögen Ihres Kindes dadurch zu stärken, dass Sie ihm beibringen, Verantwortung zu tragen? Wie können Sie ihm helfen, Verantwortung anzunehmen, statt vor ihr zu fliehen?

Sie können Ihrem Kind auch ein regelmäßiges Taschengeld geben. Oder glauben Sie, es sollte sich das Geld, über das es verfügt, selbst verdienen, oder es sollte nur dann Geld ausgeben dürfen, wenn es sich gut benimmt? Das ist eine komplizierte Frage, und bevor Sie eine Entscheidung treffen, sollten Sie die Vor- und Nachteile einer jeden Option bedenken und abwägen, welche Strategien für Ihr Kind wohl die geeignetsten sind.

Alle Kinder müssen lernen, mit der Zeit mehr Verantwortung für ihre Hausaufgaben zu übernehmen. Kann man bei Kindern die Lust an den Hausaufgaben wecken? Und welche Rolle spielen die Väter dabei?

Ich werde außerdem erörtern, wie Kreativität und Fantasie in all das eingebracht werden können. Obwohl wir gemeinhin glauben, diese Eigenschaften seien vornehmlich für Menschen wichtig, die sich mit Musik, bildender Kunst und dem Schreiben beschäftigen, sind sie in Wirklichkeit auf alle denkbaren Bereiche anwendbar. Arthur Cropley schreibt in seinem ausgezeichneten Beitrag für die *Encyclopedia of Creativity*: „Kreativität ist notwendig, um wirklich Neues zu schaffen, und das trifft auf alle Gebiete zu: bildende Kunst, Literatur und Musik natürlich, aber auch Wissenschaft, Technik, Handel, Verwaltung und zwischenmenschliche Beziehungen."

Für die persönliche Sphäre fügt Cropley hinzu: „Flexibilität, Offenheit, die Fähigkeit, sich Bekanntes zu Eigen zu machen, die Entwicklung neuer Methoden, an Dinge heranzugehen, Interesse an Neuem sowie Mut für Unvorhergesehenes können dem Einzelnen helfen, die Herausforderungen des Lebens zu meistern, insbesondere dann, wenn Veränderung, Unsicherheit und die Notwendigkeit zur Anpassung und dergleichen bestehen, und diese Eigenschaften sind eng verbunden mit geistiger Gesundheit."

Ich stimme ihm zu. Nach meiner Einschätzung können Spontaneität und geistige Flexibilität den Stress und die Angst mildern, im Schulunterricht nicht die richtige Antwort zu kennen. Zweifellos ist das Wissen der „richtigen" Antwort ein integraler Bestandteil vieler Aufgaben – so ist zwei und zwei nun einmal vier und Helsinki ist die Hauptstadt von Finnland –, aber sogar in den Fächern Mathematik und Geografie sind die Dinge nicht immer ganz eindeutig. Tatsächlich hat mechanisches Lernen seine Grenzen. Kinder, die nur Fakten auswendig lernen, wissen unter Umständen nicht, wie sie diese Fakten auf neue Situationen in der realen Welt anwenden können, was sie möglicherweise unfähig macht, mit unvorhergesehenen Situationen zurechtzukommen. Im folgenden Abschnitt des Buches werden Sie viele kreative und spannende Möglichkeiten kennen lernen, Ihrem Kind zu zeigen, wie es spielerisch mit Zahlen umgehen und beispielsweise Hauptstädte lernen kann und wie Sie seine Lust am Lesen fördern – und zwar mit Hilfe der Problemlösungsmethode. Vielleicht möchte Ihr Kind sogar eigene Geschichten erfinden und alle Fähigkeiten nutzen, die Sie ihm vermittelt haben, während Sie es zu einem Kind erzogen haben, das weiter denkt.

Elftes Kapitel
Zuhören können

Zuhören in der Schule

Lenore legte den Telefonhörer auf die Gabel und schäumte vor Wut. Die Lehrerin ihrer Tochter Tara, einer Zweitklässlerin, hatte soeben angerufen, um ihr mitzuteilen, dass Tara bei allen drei in dieser Woche geschriebenen Tests – in Rechnen, Rechtschreiben und Heimatkunde – schlecht abgeschnitten hatte; dabei war Heimatkunde ihr Lieblingsfach.

Die Lehrerin hatte sehr ärgerlich geklungen. „Tara ist ein intelligentes Mädchen", hatte sie gesagt. „Sie müsste eigentlich viel bessere Ergebnisse erzielen. Aber ich habe bemerkt, dass sie im Unterricht mit ihrer Freundin, die neben ihr sitzt, redet; und wenn ich in ihr Heft schaue, ist es voller Kritzeleien. Und ihre Hausaufgaben sind oft unvollständig und schlampig gemacht. Ich glaube nicht, dass sie Schwierigkeiten mit dem Sehen oder Hören hat, und sie hat auch keine Lernbehinderung. Mir liegt viel daran, dass sie wieder auf den richtigen Weg kommt."

Nachdem Lenore das gehört hatte, stürzte sie sofort ins Zimmer ihrer Tochter. „Deine Lehrerin hat mir gerade erzählt, dass du die Zeit im Unterricht mit Quatschen und Kritzeln vergeudest, während sie sich abmüht, euch etwas beizubringen", sagte sie. „Du musst dich mehr anstrengen. Dieses Wochenende darfst du dich nicht mit anderen zum

Spielen treffen. Du erledigst stattdessen deine Hausaufgaben, und ich sehe sie mir später an – und wenn sie nicht tadellos sind, wirst du sie noch einmal machen."

„Ich habe aber gar keine Hausaufgaben auf!", rief Tara.

„Gib mir gefällst keine frechen Antworten", brüllte Lenore nun ihrerseits. „Tu, was ich dir sage, oder du bekommst den ganzen Monat Hausarrest."

Tara drehte ihrer Mutter den Rücken zu. Von ihrem Standpunkt aus war das Gespräch beendet.

Das war allerdings nicht das Ergebnis, das Lenore im Auge gehabt hatte. Lassen Sie uns die Szene nochmals an den Anfang „zurückspulen" und anders beginnen. In dieser Version klopft Lenore an Taras Zimmertür und sagt: „Tara, deine Lehrerin hat mir gerade am Telefon gesagt, dass du bei mehreren Tests schlecht abgeschnitten hast – sogar in dem Fach, das du so gerne magst. Was ist los mit dir?"

Zuerst will Tara nicht darüber sprechen, deshalb erwidert sie: „Keine Ahnung."

Aber Lenore lässt nicht locker. „Ich wette, wenn du wirklich nachdenkst, erinnerst du dich daran, was du während der letzten Stunde in Heimatkunde gemacht hast."

Da Tara sich weder angegriffen noch bedroht fühlte, beschloss sie, ehrlich zu antworten. „Ich habe mich mit meinen Freundinnen unterhalten, Mama", erklärte sie ruhig.

„Tara", sagte ihre Mutter darauf, „du weißt doch, was das Wort *stolz* bedeutet, oder?"

„Ja, so fühle ich mich, wenn ich etwas gut mache – zum Beispiel ein Pferd zeichne."

„Und, weißt du, was das Wort *frustriert* bedeutet?"

„Ja – wenn ich das Pferd nicht gut zeichnen kann und alles verkehrt aussieht."

„Jetzt sag mir, wie du dich fühlst, wenn du bei einem Heimatkundetest schlecht abschneidest."

Tara sah den Zusammenhang sofort. Sie lächelte und antwortete: „Frustriert."

„Und wie fühlst du dich, wenn du gut bei einem Test abschneidest?"

„Ich fühle mich stolz", platzte Tara heraus.

Daraufhin bat Lenore ihre Tochter, darüber nachzudenken, was sie tun könnte, um ihren Test zu bestehen.

„Ich könnte aufhören, im Unterricht zu reden und herumzukritzeln und der Lehrerin besser zuhören", meinte Tara.

Jetzt war es an Lenore zu lächeln. „Wie, glaubst du, wird deine Lehrerin sich dann fühlen?"

„Stolz", antwortete Tara.

Am nächsten Tag kam Tara strahlend von der Schule nach Hause. „Ich habe meiner Lehrerin gesagt, ich werde alles tun, damit sie in Zukunft *stolz* und nicht *frustriert* ist."

Aber nicht nur Taras Lehrerin war stolz: Tara und ihre Mutter waren es ebenso.

„Hört mir hier überhaupt jemand zu?"

Haben Sie oft das Gefühl, dass Ihre Kinder Ihnen keine Beachtung schenken, wenn Sie etwas sagen, egal was? Ertappen Sie sich dabei, dass Sie jedes Gespräch mit ihnen in einem ruhigen und gelassenen Tonfall beginnen und sich am Ende schier die Lunge aus dem Leib schreien? Werden Sie halb verrückt, weil Ihre Kinder Ihnen nie zuhören?

Hier ist eine ganz besondere neue Methode, mit deren Hilfe Sie all das ändern können. Es ist ein Spiel. Ich nenne es „absurde Sketche". Im Folgenden wird gezeigt, wie eine Mutter es ihrer Tochter Tamara und deren Freundin Carla, beide elf Jahre alt, vorstellte.

Mutter: Kinder, könnt ihr diesen Text mal laut lesen? Darin geht es um etwas ganz Absurdes. Schaut mal, ob ihr herausfinden könnt, was es ist.
Tamara: Meine Zehen sind rot.
Carla: Ich habe zwei Schildkröten von meiner Mutter geschenkt bekommen.
Tamara: Ich war draußen im Schnee, und meine Zehen wurden rot.
Carla: Sie krabbeln auf komische Weise.
Tamara: Sie jucken.
Carla: Eine ist wirklich sehr groß.
Tamara: Hast du ein Mittel dagegen?
Carla: Sie ist grün und sondert Schleim ab.
Tamara: Pfui Teufel! Ich mag dieses Heilmittel nicht. Es macht nur meine Zehen nass.
Carla: Ich hole dir ein bisschen warmes Wasser, in das du deine Zehen tauchen kannst.
Tamara: Danke.

Beide Mädchen lachten aus vollem Halse. Sie wussten, dass das Ganze keinen Sinn machte, denn, wie Tamara es ausdrückte: „Jede von uns hat nur über ihre eigene Sache geredet."

Daraufhin bat die Mutter die Mädchen, den Sketch noch einmal zu lesen, wies sie dieses Mal jedoch an, aufmerksam auf die Stellen zu achten, wo die eine wirklich *hörte*, was die andere sagte, und dann jedes Mal auf ihre Knie zu klopfen.

Nachdem sie das getan hatten, stellte die Mutter ihnen eine Frage: „Wie kann Carla Tamara wissen lassen, dass Carla wirklich gehört hat, was Tamara gesagt hat? Beispielsweise wenn Tamara sagt: ‚Meine Zehen sind rot' – wie kann Carla da Tamara zu verstehen geben, dass sie diese Feststellung über ihre Zehen gehört hat?", führte die Mutter aus.

„Carla kann fragen: ‚Warum sind deine Zehen rot?'", erwiderten beide Mädchen. Dann lasen sie den Sketch noch einmal und äußerten Feststellungen und Fragen, die zeigten, dass sie einander wirklich zuhörten.

Kinder verstehen dieses Spiel mühelos, und vielen macht es Spaß, ihre eigenen „absurden Sketche" zu erfinden. Hier ist einer, den Tamara und Carla sich ausdachten:

Tamara: Das mit den Eltern von Keith ist ein Jammer.
Carla: Es ist so heiß.
Tamara: Sie haben sich scheiden lassen.
Carla: Ich wünschte, es gäbe hier einen Baum.
Tamara: Jetzt muss er bei seiner Mutter leben.
Carla: Warum muss er bei seiner Mutter leben?
Tamara: Weil seine Mutter das Sorgerecht für ihn bekommen hat.
Carla: He, da ist ein Eismann.

Die Mutter war sehr beeindruckt, dass die Mädchen sich einen absurden Sketch über ein so ernstes Thema ausgedacht hatten. Sie nahm die Gelegenheit zum Anlass, zu fragen, wie Tamara sich wohl fühlen würde, wenn Carla ihr *tatsächlich* auf diese Weise antworten würde. „Ich würde denken, dass Carla nur an sich selbst interessiert ist und an sonst niemandem", sagte Tamara. Das war eine Antwort, die erkennen ließ, dass sie verstand, wie wichtig es ist, anderen Menschen zuzuhören.

Wenn Sie „absurde Sketche" als Erziehungsmethode verwenden, können Sie sie Ihrem Kind beim nächsten Mal, wenn es Ihnen nicht zuhört, ins Gedächtnis rufen, indem Sie einfach fragen: „Erinnerst du dich an die ‚absurden

Sketche'? Wie kannst du mir antworten, damit ich weiß, dass du mich gehört hast?"

> „Wie kannst du mir antworten, damit ich weiß, dass du mich gehört hast?"

Ihrem Kind wird diese Übung Spaß machen, und sie wird ihm helfen, ein besserer Zuhörer zu werden – ohne dass ihm dies überhaupt bewusst wird.

„Höre ich meinem Kind wirklich zu?"

Was tun Sie, wenn Ihr Kind ein anderes schlägt oder einem Freund ein Spielzeug wegnimmt? Sind Sie frustriert und aufgebracht, weil Sie ihm so oft schon gesagt haben, es solle sich nicht so verhalten? Sind Sie versucht, ihm eine Ohrfeige zu geben?

Adam, vier Jahre alt, zerriss die Zigaretten seines Vaters und warf sie in den Mülleimer. Da der Vater es für ein Versehen hielt, sagte er nichts. Aber als Adam es ein zweites Mal tat, war sein Vater wütend. Er drohte seinem Sohn, ihm eine Tracht Prügel zu verpassen, und brüllte: „Tu das nicht noch mal!"

Aber als Adams Mutter den Jungen ganz ruhig fragte, warum er die Zigaretten kaputtgemacht habe, antwortete der ein wenig verlegen: „Bibo aus der ‚Sesamstraße' hat gesagt, wenn wir jemanden lieben, der raucht, dann müssen wir ihm sagen, er soll damit aufhören, weil er sonst nämlich stirbt. Papa, ich hab dich lieb, und ich will nicht, dass du stirbst."

Als der Vater erkannte, dass Adams „Ungezogenheit" in Wahrheit seine Weise war, ihn zu bitten, er solle nicht mehr rauchen, war er sehr berührt. Er beschloss, das Rauchen aufzugeben. Und er hielt sich daran. Das ist nun zwanzig Jahre her.

Es spielte keine Rolle, was Bibo wirklich gesagt haben mochte. Was zählte, war, wie der Junge es interpretierte. Stellen Sie sich vor, wie Adam sich gefühlt haben würde, wenn der Vater ihm nicht wirklich zugehört hätte.

Manchmal hören wir unseren Kindern nicht zu, weil wir eine bestimmte Absicht verfolgen und manche ihrer Verhaltensweisen uns diese Absicht in Erinnerung rufen, ganz gleich, was in der aktuellen Situation der Grund für das Verhalten des Kindes war. Beispielsweise wünschen viele Eltern, dass ihre Kinder lernen, etwas mit anderen zu teilen. Wenn sie sehen, wie ihr Kind einem anderen ein Spielzeug wegnimmt, sind sie möglicherweise so darauf konzentriert, ihm die Wichtigkeit des Teilens begreiflich zu machen, dass sie gar nicht verstehen, was sich vom Standpunkt ihres Kindes aus im Augenblick wirklich abspielt.

Als die Mutter der vierjährigen Ruby sah, dass ihre Tochter einer Freundin, die zu Besuch war, die Puppe entriss, gab sie einem ersten Impuls nach und schrie: „*Warum* hast du das getan?"

Abwehrend antwortete Ruby: „Sie hat meine Puppe genommen. Es ist meine."

Ihre Mutter registrierte die Antwort gar nicht richtig; sie war so darauf fokussiert, Ruby zu lehren, sie müsse Dinge teilen, dass es ihr ziemlich egal war, was ihre Tochter gesagt hatte. „Wann wirst du endlich lernen, Dinge mit anderen Menschen zu teilen?", fragte sie ärgerlich. „Niemand wird je mit dir spielen, und du wirst niemals Freunde haben. Gib jetzt zurück, was du weggenommen hast."

Ruby gehorchte. Aber wie mag sie sich gefühlt haben?

Und so handhabte Rubys Mutter das Problem, nachdem

sie gelernt hatte, im Gespräch die Problemlösungsmethode einzusetzen:

Mutter: Was ist passiert? Wo liegt das Problem?
Ruby: Sie hat meine Puppe genommen. Es ist meine.
Mutter: Warum willst du nicht, dass sie auch einmal damit spielt?
Ruby: Sie spielt schon die ganze Zeit damit und will sie mir nicht zurückgeben.

Jetzt erfuhr die Mutter etwas, das sie zuvor vermutlich nicht erfahren hätte: dass Ruby – von ihrem Standpunkt aus gesehen – sehr wohl ihre Puppe geteilt hatte und sie nun zurückhaben wollte. Statt sich darauf zu konzentrieren, was sie zuerst für das Problem gehalten hatte – dass ihre Tochter ihr Spielzeug nicht teilen wollte –, lenkte die Mutter ihr Augenmerk jetzt darauf, was Ruby als Problem ansah: dass sie ihr Spielzeug nicht zurückbekam, *nachdem* sie es mit ihrer Freundin geteilt hatte. Jetzt stellte sich das Problem anders dar. Die Mutter setzte den Dialog folgendermaßen fort:

Mutter: Was ist passiert, als du ihr deine Puppe weggenommen hast?
Ruby: Sie hat mich getreten.
Mutter: Kannst du dir eine *andere* Art und Weise vorstellen, wie du die Puppe zurückbekommen könntest, damit deine Freundin dich nicht tritt?
Ruby: Wir könnten zusammen „Vater, Mutter, Kind" spielen.
Mutter: Das ist eine Möglichkeit. Und wenn sie das nicht will, was könntest du sonst noch versuchen?
Ruby: Ich könnte sie mit meinen Stofftieren spielen lassen.

Mutter: Gute Überlegung. Du bist eine gute Problemlöserin. Wie fühlst du dich, wenn du so gut Probleme löst?
Ruby: Ich bin stolz.

Beachten Sie, dass die Mutter den Dialog mit „gute Überlegung" und nicht mit „gute Idee" beendete. Hätte sie die Idee an sich gelobt, hätte sie Ruby vielleicht daran gehindert, darüber nachzudenken, was sie in einer anderen, ähnlichen Situation tun könnte. Nehmen wir beispielsweise an, dass Ruby beim nächsten Zusammensein mit ihrer Freundin ein Spielzeug will, mit dem ihre Freundin gerade spielt. Nun erinnert sie sich vielleicht daran, dass ihre Mutter gesagt hat: „Gute Idee", als Ruby vorschlug, ihrer Freundin ihre Stofftiere anzubieten. Aber angenommen, das Mädchen will die Stofftiere gar nicht? Möglicherweise fühlt Ruby sich dann blockiert in ihrer Überlegung, was sie stattdessen tun könnte.

Ihr Ziel hierbei sollte ja sein, Ihr Kind zu ermutigen, selbst kreativ über die Lösung von Problemen nachzudenken, sobald diese auftreten. Wenn Sie die Problemlösungsmethode anwenden, dann loben Sie Ihr Kind nicht dafür, *was* es denkt, sondern *dass* es denkt.

Mehr als nur zuhören: So miteinander reden, dass jeder Gehör findet

Konflikte sind etwas Normales – und Unvermeidliches. Sie kommen in jeder Familie vor. Aber allzu oft entstehen sie, weil Menschen einander missverstehen oder eine Bemerkung falsch interpretieren. Hier sind ein paar Beispiele, die Sie vielleicht wiedererkennen werden:

Michelle, zehn Jahre alt, trägt gerne enge Hosen mit Tops, die nicht dazu passen. Wenn ihre Mutter sie bittet, andere Kleider anzuziehen, antwortet Michelle schnippisch: „Ich entscheide selbst, was ich tue! Du glaubst wohl, ich wüsste nicht, wie ich aussehe? Lass mich in Ruhe!" Die Mutter regt sich auf, weil sie möchte, dass ihre Tochter vorteilhaft aussieht und einen guten Geschmack entwickelt. Außerdem macht sie sich Sorgen darüber, was die anderen Kinder wohl denken mögen, wenn Michelle sich so merkwürdig anzieht.

Michelles Standpunkt ist: „Meine Mutter möchte, dass ich Hosen trage, die so weit sind, dass sie mir an den Hüften herunterrutschen – damit sie nur ja nächstes Jahr noch passen. Aber ich will diese Hosen im nächsten Jahr gar nicht mehr tragen – sie sind dann nicht mehr Mode, und meine Freunde würden das bemerken."

Das ist ein geradezu klassisches Beispiel für eine Fehlkommunikation. Die Mutter meint, andere Kinder würden Michelle hänseln, weil ihre Hosen zu eng seien, wohingegen Michelle fürchtet, die anderen würden bemerken, wenn sie zwei Jahre hintereinander dieselben Hosen trägt.

Jede fühlt sich im Recht. Keine von beiden will hören, was die andere zu sagen hat.

Und so half die Dialogtechnik dieser Mutter und ihrer Tochter:

Mutter: Sehen wir beide dieses Problem auf *dieselbe* Weise oder sehen wir es *unterschiedlich*?
Michelle: Wir sehen es unterschiedlich.
Mutter: Ich mache mir Sorgen, was deine Schulkameraden wohl denken könnten, wenn sie dich so sehen. Warum ist es so wichtig für dich, so enge Kleider zu tragen, die obendrein nicht zusammenpassen?

Michelle: Mama, das ist jetzt halt „in". Alle Mädchen ziehen sich so an, und ich will dazugehören.

Mutter: Na gut. Du musst schließlich wissen, was in eurer Schule angesagt ist.

Aber diese Art Kommunikation vollzieht sich nicht ohne Mühe. Wenn wir ganz bestimmte Ansichten über etwas haben oder beunruhigt sind, fällt es uns schwer, einen gegensätzlichen Standpunkt anzuhören. Auch unseren Kindern fällt das schwer. Wir können ihnen helfen, verstehen zu lernen, warum sie möglicherweise ein Problem haben; aber wir sollten sie dabei nicht kritisieren. Michelle und ihre Mutter entdeckten, dass sie, obwohl sie anfänglich nur über die Kleider sprachen, die Michelle trug, mehr Übung im gegenseitigen Zuhören benötigten. Es dauerte nicht lange, und sie bekamen die Gelegenheit dazu.

Michelle erzählte ihrer Mutter von einem Jungen, der immer besser sein musste als die anderen und der sie nicht mochte, weil sie in Prüfungen besser abschnittt als er. Und was Michelle am meisten aufregte, war, dass dieser Junge, der ziemlich beliebt war, sie nicht beachtete. „Aber wenn ich meiner Mutter von meinem Problem erzähle", sagte Michelle zu sich selbst, „meint sie vielleicht, dass es meine Schuld ist – dass ich arrogant bin und mit meinen guten Noten angebe. Sie findet immer, dass die Schuld bei mir liegt. Am besten ist, ich berichte ihr von meinem Problem erst kurz bevor ich ins Bett gehe. Dann kann sie mich nicht mehr kritisieren."

Die Mutter versuchte lediglich, darauf zu achten, dass ihre Tochter nicht zum Snob wurde. Sie wollte, dass Michelle wusste, wie sie auf die anderen Kinder wirkte. „Ich möchte, dass sie versteht, warum dieser Junge sie ignoriert", sagte die Mutter sich, „damit ich ihr helfen kann zu verstehen, wie Menschen reagieren." Aber Michelle fasste die „Hilfe" ihrer Mutter als Kritik auf und meinte, diese gebe ihr die Schuld dafür, dass sie nicht beachtet wurde.

Als sie es mit der Dialogtechnik versuchten, waren Michelle und ihre Mutter in der Lage, dieses Problem zu lösen.

Mutter: Was bringt dich zu der Annahme, der Junge würde dich ignorieren, weil du bessere Noten hast?
Michelle: Er hat mich Angeberin genannt.
Mutter: Woher, glaubst du, weiß er, dass du bessere Noten hast als er?
Michelle: Vielleicht hat er mir über die Schulter geschaut und es gesehen.
Mutter: Das ist eine Möglichkeit. Kannst du dir noch eine andere vorstellen?
Michelle: Vielleicht hat es ihm jemand erzählt.
Mutter: Das ist eine weitere Möglichkeit. Jetzt denk einmal genau nach. Gibt es etwas, was du getan oder gesagt haben könntest, wodurch er weiß, dass du bessere Noten hast?
Michelle: Na ja, vielleicht von dem einen Mal, wo ich ihm meine Klassenarbeit gezeigt habe. Ich hatte eine Eins in Mathematik geschrieben, und wenn ich ehrlich bin, wollte ich ihn wohl beeindrucken.
Mutter: Gut. Das alles sind Möglichkeiten. Was, glaubst du, mag er wohl tatsächlich gedacht haben, als du ihm die Klassenarbeit gezeigt hast?
Michelle: Vielleicht, dass ich angebe.
Mutter: Was kannst du jetzt tun, damit er dich nicht länger ignoriert?
Michelle (denkt eine Weile nach): Freundlich sein und nicht mehr angeben.

Jetzt konnte die Mutter ihrer Tochter helfen, darüber nachzudenken, was an ihrem Verhalten den Jungen dazu gebracht haben mochte, sie zu ignorieren. Und da sie diese Fragen in einem auf Informationen abzielenden Tonfall stellte, fühlte sich Michelle entspannter und war imstande, die wahrscheinliche Ursache des Problems zu erkennen. Da die Mutter kein Bedürfnis hatte, ihre Tochter weiter zu kritisieren, fühlte sich Michelle weniger bedroht und war deshalb mehr geneigt, zuzuhören.

> Oft denken wir, unsere Kinder würden uns nicht zuhören. Aber wie oft denken unsere Kinder wohl, dass ihnen niemand zuhört?

Fehlkommunikation kommt in vielen Familien vor. In diesem Fall sollten Eltern und ihre Kinder zunächst einmal damit aufhören, sich gegenseitig „auszublenden" und zu ignorieren und nicht mehr nur den jeweils eigenen Standpunkt im Auge haben. Während Michelles Mutter lernte, mittels der Problemlösungstechnik mit ihrem Kind zu reden, wurde ihr etwas Wichtiges über sich selbst klar: „Manchmal denke ich zwar, ich würde meinem Kind zuhören, doch in Wirklichkeit registriere ich gar nicht immer, was es sagt." Es ist wichtig, dass jeder tatsächlich zuhört, damit geklärt werden kann, was jedem Einzelnen wichtig ist. Damit beginnt der wahre Dialog.

Oft denken wir, unsere Kinder würden uns nicht zuhören. Aber wie oft denken unsere Kinder wohl, dass ihnen niemand zuhört?

Zwölftes Kapitel
Verantwortungsbewusstsein

„Ist mitten auf dem Boden ein geeigneter Platz für deine Spielsachen?"

Ihre vierjährige Tochter lässt ihr Spielzeug immer genau da liegen, wo sie aufgehört hat, damit zu spielen. Sie haben ihr erklärt, dass die Spielsachen in ihr Zimmer gehören. Aber sie weiß das schon. Sie haben ihr unzählige Male gesagt, sie solle die Sachen aufräumen, sobald sie sie nicht mehr benutzt. Und wenn sie Sie fragt, warum sie das tun solle, rufen Sie ärgerlich: „Weil ich's dir gesagt habe!" oder „Ich will dich nicht noch einmal darum bitten müssen!"

Um dem Ärgernis mit dem unaufgeräumten Spielzeug ein Ende zu bereiten, schlägt eine wohlmeinende Nachbarin Ihnen vor, Ihr Kind in einen Laden mitzunehmen und ihm dort aufzutragen, es solle sich einige bunte Behälter aussuchen. Die bringen Sie dann nach Hause, stellen sie hin und zeigen Ihrem Kind, dass seine Bauklötzchen in die eine, seine Buntstifte in eine andere und seine Legosteine in eine dritte hineingehören. Aber zwei Wochen später sind die Behälter noch immer leer und die Spielsachen weiterhin auf dem Boden verstreut. Jetzt sind Sie völlig ratlos. „Wenn du diese Spielsachen nicht *sofort* wegräumst", brüllen Sie, „bekommst du keine neuen mehr."

Aber natürlich funktioniert auch das nicht. Sie wissen nun einfach nicht mehr, was Sie noch unternehmen sollen.

Versuchen Sie, Ihr Kind zu der Erkenntnis zu bringen, dass mitten auf dem Boden kein geeigneter Platz für Spielsachen ist. Audrey, die Mutter des sechsjährigen Shane, wartete erst einmal ab, bis sie wieder zur Ruhe gekommen war, und stellte ihrem Sohn dann eine wichtige Frage: „Was könnte passieren, wenn du deine Lastwagen auf dem Wohnzimmerboden herumliegen lässt?“

Shanes erste Antwort lautete: „Weiß ich nicht.“

Audrey gab nicht so schnell auf. „Ich mache jede Wette, wenn du richtig nachdenkst, wird dir was einfallen“, sagte sie.

Shane machte einen zweiten Versuch. „Dann lässt du mich nicht mehr damit spielen.“

Das war tatsächlich eine mögliche Konsequenz, etwas, was demnächst passieren könnte, dachte Audrey. Aber das war nicht die Antwort, die sie wollte. Eltern, die die Problemlösungsmethode anwenden, helfen ihren Kindern, sich empathischere Konsequenzen vorzustellen, nicht nur etwas Beliebiges. Audrey war versucht, ihm die Antwort zu suggerieren, die sie hören wollte, aber sie hielt sich zurück. Stattdessen lenkte sie seine Gedanken in die Richtung, die sie anstrebte, indem sie ihm eine andere Frage stellte: „Was ist, wenn Oma zu Besuch kommt, deinen Lastwagen nicht sieht und einfach weiter ins Zimmer geht?“

Shane erwiderte folgerichtig: „Sie könnte drauftreten und ihn kaputtmachen.“ Da das immer noch nicht die Antwort war, auf die Audrey abzielte, fuhr sie fort: „Und was könnte sonst noch passieren?“ Shane musste erst einmal nachdenken. Nach einer längeren Weile schaute er sie an und sagte dann ganz ruhig: „Sie könnte darüber stolpern und hinfallen.“

Jetzt dachte Shane an etwas, was ihm nie zuvor in den Sinn gekommen war. Audrey fuhr fort:

„Wie würde Oma sich wohl fühlen, wenn das passieren würde?“

„Wütend“, antwortete Shane, „und traurig.“

Jetzt fragte Audrey: „Und wie würdest *du* dich fühlen, wenn das passieren würde?“

„Traurig“, sagte Shane, „und wütend.“

Daraufhin fragte Audrey: „Was kannst du jetzt tun, damit niemand hinfallen wird und du am Ende nicht traurig oder wütend bist?“

Solche Fragen helfen einem Kind, sich nicht nur darauf zu konzentrieren, wie der andere Mensch sich fühlen wird, wenn er Schaden nimmt, sondern, wie *es selbst* sich fühlen wird, wenn das geschieht. Und dies wird das Kind wahrscheinlich motivieren, seine Spielsachen an einen sicheren Platz zu bringen.

Wenn wir Kindern drohen oder ihnen unangenehme Konsequenzen vor Augen führen, ignorieren sie unsere Forderungen, Vorschläge und Erklärungen meist. Schon mit vier Jahren können Kinder Fragen beantworten, die sie anregen, anderen Beachtung zu schenken und dabei auch die eigenen Gefühle zu berücksichtigen. Es kann durchaus sein, dass Sie Ihrem Kind dann nie mehr sagen müssen, wo es seine Spielsachen hintun soll.

Der tägliche Kampf um die Mithilfe im Haushalt

„Vergisst“ Ihr Kind, den Abfall hinauszubringen? Oder behauptet es, es müsse zu viele Hausaufgaben erledigen, um noch das Geschirr abspülen zu können? Vielleicht lässt es seine schmutzigen Kleider neben dem Bett auf dem Boden liegen, anstatt sie in den Wäschekorb zu legen.

Wie reagieren Sie? Ursprünglich haben Sie Ihrem Kind einige Aufgaben im Haushalt zugewiesen, weil Sie dies für eine gute Methode hielten, ihm Verantwortungsbewusstsein beizubringen. So haben Sie selbst es gelernt. Aber jetzt ist dieses Gerangel um die Hausarbeiten zu einem richtiggehenden Problem geworden, das täglich zu Spannungen führt; das Ganze ist eher ein Ärgernis als eine Hilfe. Wie viel leichter wäre es für Sie, die Kleider selbst aufzuheben oder den Abfall selbst hinauszubringen?

Aber das wird das tiefer liegende Problem nicht lösen – und es wird Ihr Kind ganz bestimmt nicht lehren, was Verantwortung ist. Mit Hilfe der Problemlösungsmethode können Sie den Kampf um die Hausarbeiten gewinnen:

- Lassen Sie Ihr Kind eine Aufgabe auswählen, die es gut bewältigen kann – und beginnen Sie früh damit. Der vierjährige Benjamin liebte es, seine Socken zu sortieren und sie an den von ihm gewählten Platz in seiner Kommode zu legen.
- Achten Sie darauf, dass diese Aufgaben nicht in die Zeit fallen, die das Kind für Hausaufgaben, für das Zusammensein mit Freunden und andere Aktivitäten benötigt, die wichtig für es sind.
- Finden Sie heraus, was dahinter steckt, wenn Ihr Kind immer wieder „vergisst", seine Aufgaben im Haushalt zu erledigen. Die neunjährige Gail war der Ansicht, das Hinausbringen des Abfalls sei Sache ihres Bruders. Als ihre Mutter sie fragte, was sie stattdessen gerne täte, sagte sie, sie wolle den Tisch decken.
- Lassen Sie Ihr Kind im Voraus planen, was es tun will und wann. Das wird ihm eine zeitliche Struktur geben,

und es wird eher geneigt sein, diese Aufgaben zu erledigen, wenn es sie selbst planen kann. Falls Zeitmangel es dem Kind tatsächlich nicht erlaubt, eine Arbeit an einem bestimmten Tag oder zu einer bestimmten Stunde zu erledigen, sollten Sie Ihr Kind fragen, was es tun kann, um das Problem zu lösen. Hat es beispielsweise eine umfangreiche, schwierige Mathematikhausaufgabe zu bewältigen, die es fertig stellen möchte, ehe es zu müde dafür ist, kann es das Geschirr so lange in der Spüle eingeweicht stehen lassen, bis es seine Hausaufgaben beendet hat. Es könnte die Arbeiten im Haushalt auch mit seinem Bruder/seiner Schwester tauschen: Zum Beispiel deckt es an einem Abend den Abendbrottisch, und er/sie spült nach dem Essen das Geschirr.

- Sorgen Sie dafür, dass die jeweilige Aufgabe zu bewältigen ist. Kann sein, dass Ihre Tochter sich überfordert fühlt, wenn Sie ihr auftragen, ihr unordentliches Zimmer aufzuräumen; möglicherweise weiß sie nicht, wo sie anfangen soll. Sie können sie fragen, was sie als Erstes, als Zweites und als Drittes tun will. Auf diese Weise kann sie entscheiden, wann sie ihre Socken aufheben, ihren Schreibtisch aufräumen und das Bett machen möchte. Sie können sie auch fragen, *wo* sie anfangen möchte – sei es in der Ecke am Fenster oder in dem Bereich neben dem Schrank oder an der Tür. Dadurch behalten Kinder das Gefühl, dass ihr Zimmer ihre eigene Sphäre ist.

Eine Mutter fühlte sich verletzt, weil ihr zehnjähriger Sohn Will immer wieder „vergaß", die Wäsche zu sortieren. Sie versuchte, ihre Gefühle für sich zu behalten, aber am Ende war sie so wütend, dass sie nicht mehr mit ihrem Sohn sprechen konnte, ohne ihn anzubrüllen – was ihre Beziehung belastete und dazu führte, dass sie sich noch schlechter fühlte. Nachdem diese Mutter gelernt hatte, über Gefühle zu sprechen, fragte sie ihren Sohn: „Wie, glaubst du, fühle ich mich, wenn ich nach Hause komme und sehe, dass die Wäsche noch immer im Trockner ist?"

„Wütend", erwiderte Will. Dann hielt er inne. „Ich sortiere nicht gerne Kleider", räumte er ein. „Das ist doch etwas für Mädchen. Kann ich nicht stattdessen etwas anderes tun?"

„Was würdest du denn gerne tun?"

„Nach dem Abendessen den Tisch abräumen", sagte Will.

Dieses Gespräch ermöglichte der Mutter, den Standpunkt ihres Kindes zu verstehen, und Will verstand allmählich auch ihren. Und was besonders wichtig war: Der Mutter wurde klar, dass ihr wahres Ziel nicht darin bestand, dass die Wäsche sortiert wurde, sondern dass ihr Sohn Verantwortung zu tragen lernte.

Lernen, verantwortungsbewusst zu sein, ist wichtig fürs Leben. Sie sollten früh damit beginnen, es Ihrem Kind beizubringen. Kinder, die schon früh ein Gefühl des Stolzes empfinden, wenn sie etwas geleistet haben, werden diese positiven Emotionen auch im Erwachsenenalter beibehalten.

„Warum ist mein Kind so vergesslich?"

Manche Kinder „vergessen" angeblich, etwas zu tun, weil sie es in Wirklichkeit nicht tun wollen – etwa Aufgaben wie den Abfall hinaustragen oder ihr Zimmer aufräumen. Andere vergessen tatsächlich Dinge, die sie tun wollen und müssen.

Es scheint unvermeidlich: Sie kaufen Ihrem Kind eine neue Winterjacke – genau die, die es unbedingt haben wollte –, und am darauf folgenden Tag vergisst es die Jacke in der Schule. Oder: Ausgerechnet am Tag vor dem wichtigen Naturkundetest lässt Ihr Kind sein Heft mit den Übungsaufgaben in seinem Schließfach in der Schule liegen. Manche Kinder leihen sich Dinge von ihren Freunden – Geld für etwas zu essen, ein Buch, das sie gern lesen möchten, einen Stift – und vergessen, das Geliehene zurückzugeben, bis das andere Kind sie dazu auffordert. Andere vergessen, ihre Eltern um Geld für den Klassenausflug zu bitten, oder sie vergessen den Klassenausflug überhaupt.

Wir können einem Kind erklären, dass eine Jacke, die man in der Schule liegen lässt, gestohlen werden kann, dass es nicht für die Prüfung lernen kann, wenn es sein Prüfungsaufgabenheft nicht hat, oder dass seine Freunde ihm nicht mehr trauen werden, wenn es Sachen, die es sich ausgeliehen hat, nicht zurückgibt. Aber die meisten Kinder wissen das bereits. Wenn wir ihnen diese Dinge begreiflich machen wollen, „schalten" sie einfach „ab" und bleiben so „vergesslich", wie sie sind.

Perrys elfjähriger Sohn Wynn ist so zerstreut, dass er Essen in die Mikrowelle stellt, nebenher eine Zeitschrift liest und dann vergisst, dass er sich gerade etwas aufwärmt. „Wenn ich später am Abend die Mikrowelle benutzen will, finde ich seine Suppe vor, die seit Stunden drin steht", erklärte Perry. „Er besucht seine Freunde und lässt Bücher aus der Leihbücherei bei ihnen – und dann muss er Strafgebühren bezahlen, weil er sie nicht zur fälligen Frist zurückgeben kann. Ich vermute, dass Kinder einfach noch nicht imstande sind, mehrere Aufgaben gleichzeitig zu bewältigen, so wie wir", fügte er hinzu.

Carmen erzählte mir, ihre siebenjährige Tochter Monique sei vergesslicher als Abbie, ihre Fünfjährige; vielleicht hänge es damit zusammen, dass Monique mit mehr Dingen beschäftigt sei – mit Hausaufgaben, Freizeitaktivitäten und Entscheidungen darüber, wen sie in der ihr an Schultagen zugestandenen begrenzten Telefonzeit anrufen soll. Carmen fragte sich allmählich, wie sie ihrer Tochter ganz konkret helfen könnte, sich besser zu organisieren, aber sie wusste nicht recht, wie.

Wenn Sie Ähnliches von Ihren eigenen Kindern kennen, empfehle ich Ihnen, es mit folgenden Maßnahmen zu probieren:

Anstatt Ihrem Kind klar zu machen, was passieren könnte, sollten Sie einen Zeitpunkt wählen, zu dem Sie seine Aufmerksamkeit haben, und es dann fragen: *„Was könnte passieren, wenn du …*

deine Jacke in der Schule vergisst?"
deine Bücher/Hefte in deinem Schließfach vergisst?"
deine aus der Bibliothek geliehenen Bücher bei deinen Freunden vergisst?"
vergisst, Dinge zurückzugeben, die du dir von einem Freund ausgeliehen hast?"

Die meisten Kinder sind imstande, sich die Folgen vorzustellen: Ihre Jacke könnte gestohlen werden; sie wären nicht in der Lage, sich auf eine bestimmte Prüfung vorzubereiten; sie müssen eine Strafgebühr bezahlen, wenn sie die Bücher aus der Bibliothek nicht fristgerecht zurückgeben; sie könnten das Vertrauen ihrer Freunde verlieren, wenn sie Dinge, die sie sich ausgeliehen haben, nicht zurückgeben.

Wenn Ihr Kind sich diese Dinge *nicht* wirklich vorstellen kann, können Sie seine Gedanken behutsam dahin lenken. Beispielsweise indem Sie es fragen: „Was könnte passieren, wenn jemand, den du nicht kennst, deine neue Jacke sieht und gerade niemand hinschaut?" Oder: „Was könnte passieren, wenn du einen Test schreiben musst und deine Übungshefte nicht hast?"

Sobald Ihr Kind über mögliche Konsequenzen nachgedacht hat, können Sie ihm die Frage stellen: „Wie, glaubst du, wirst du dich fühlen, wenn solche Dinge geschehen?" Schenkt das Kind seinen eigenen Gefühlen Beachtung, wird es geneigter sein, sich mit seiner Vergesslichkeit auseinanderzusetzen. Anstatt ihm einen Vorschlag zu machen, sollten Sie es ihm überlassen, eine Antwort zu finden.

Nun sollten Sie fragen: „Was kannst du tun, damit du künftig daran denkst, das nach Hause zu bringen, was du brauchst (bzw. zurückzugeben, was du dir ausgeliehen hast)?"

Victor, acht Jahre alt, der ständig seine Bücher in der Schule vergaß, erwiderte darauf: „Ich kann eine Notiz an mein Schließfach kleben, auf der steht: ‚Nachsehen, welche Hausaufgaben ich heute habe', und ‚Fragen, ob demnächst eine Klassenarbeit ansteht'." Melanie, zehn Jahre alt, die sich häufig bei ihren Freunden Bücher auslieh und dann vergaß, sie zurückzugeben, beschloss, eine Erinnerungsnotiz für sich zu schreiben, auf der der Name des betreffenden Freundes und der Tag, ja sogar die Stunde stehen sollten, an dem sie die Bücher zurückgeben wollte.

Das mag beim ersten Mal nicht funktionieren, vielleicht auch noch nicht beim zweiten Mal. Aber wenn ein Kind selbst auf eine Idee kommt, dann wird es sie viel lieber ausführen, als wenn *wir* ihm eine vorschlagen.

Ein gutes Beispiel hierfür ist die fünfjährige Riva, die häufig vergaß, abends die Zähne zu putzen, insbesondere wenn die Hauskatze oder ihre Schwester ihr ins Badezimmer folgten. Sie fingen dann an, zusammen zu spielen oder zu reden und Riva vergaß völlig, zur Zahnbürste zu greifen. Als ihre Mutter sie fragte, was sie tun könne, um an das Zähneputzen zu denken, sagte Riva: „Ich könnte eine Zeichnung mit Zähnen an den Badezimmerspiegel kleben." Sie malte also ein entsprechendes Bild, und alle lachten darüber. Das Bild mag komisch aussehen, aber Riva vergisst nun tatsächlich nicht mehr, ihre Zähne zu putzen.

Indem Sie es Ihrem Kind überlassen, sich eigene Einfälle und Lösungen auszudenken, verändern Sie auch die Art der Diskussion. Sie konzentrieren sich dann nicht mehr darauf, was Ihr Kind *vergisst*, sondern darauf, wie Sie seiner Erinnerung nachhelfen können. Und am Ende wird es auf seine eigene Kompetenz stolz sein.

„Mach es selbst!"

Will Ihr Kind, dass Sie ihm seinen Saft eingießen, den Toast in den Toaster legen, seinen Mantel zuknöpfen, ja sogar das Ketchup auf seinen Teller gießen? Sagt es Hilfe heischend zu Ihnen, es könne seine Hausaufgaben nicht allein bewältigen, noch ehe es überhaupt seine Bücher aus dem Schulranzen geholt hat?

Und wie reagieren Sie? Brüllen Sie das Kind an: „Mach es gefälligst selbst!"? Oder kapitulieren Sie, des Kämpfens und Brüllens müde, und tun, was es wünscht?

Vielen Eltern ist nicht klar, dass sie das Problem selbst verursacht haben, indem sie alles für ihre Kinder taten, als diese noch jünger waren. Kinder lernen nicht automatisch, unabhängig zu sein; man muss es ihnen beibringen.

Und so halfen Tobys Eltern ihrem Sohn, als er acht Jahre alt war, selbstständiger zu werden:

Anstatt unablässig an ihm herumzunörgeln oder ihm zu

erklären, warum er die Dinge selbst tun solle, erfanden sie das so genannte „Was kann ich selbst tun"-Spiel.

Zuerst baten sie Toby, drei Dinge aufzuzählen, die sie – seinem Wunsch entsprechend – normalerweise für ihn taten. Sie baten ihn, eine Sache daraus auszuwählen, die er jetzt einmal selbst versuchen wollte, und sicherten ihm ihre Hilfe dabei zu. Toby sagte, er würde sich gerne selbst Saft einschenken.

Toby ging langsam an diese Aufgabe heran. Zuerst holte er Saft aus dem Kühlschrank, dann trug er ihn zur Küchenarbeitsplatte. „Was ist, wenn ich etwas davon verschütte?", fragte er. Aber weil es ein Spiel war, lächelte er dabei.

Seine Eltern lächelten auch. Sie sahen zu, wie er sich mit viel Bedacht den Saft einschenkte. Als das getan war, setzte er ein breites Grinsen auf und trank genüsslich seinen Saft.

An diesem Abend bat Toby – wie üblich – seine Eltern, seinen Schulranzen für ihn zu packen. Anstatt ihn anzufahren: „Mach es doch selbst!", wie sie es sonst immer getan hatten, erinnerten sie ihn an das Spiel. Da er das Ganze jetzt anders sah, erwiderte Toby darauf: „O ja, ich kann das selbst."

Es brauchte etwas mehr Zeit, um Toby dazu zu bringen, seine Hausaufgaben alleine zu machen, aber am Ende gelang ihm auch das. Eines Tages kam Toby mit einer Hausaufgabe für das Fach Geschichte nach Hause, in der es darum ging, biografische Fakten über Abraham Lincoln zu sammeln. Geschichte war das Fach, das Toby am wenigsten mochte, und er sträubte sich dagegen. Aber sein Vater hatte eine gute Frage parat: „Was von den folgenden Dingen trifft auf Abraham Lincoln zu: War er der zehnte Präsident der American Cigar Company, der zwölfte Präsident von Puerto Rico oder der sechzehnte Präsident der Vereinigten Staaten?"

Toby lachte, weil er die richtige Antwort kannte. „Der sechzehnte Präsident der Vereinigten Staaten", erwiderte er strahlend.

Als der Vater sah, dass Toby jetzt sehr motiviert war, fragte er seinen Sohn: „Welches waren die wichtigsten Dinge, die er während seiner Amtszeit tat? Du kannst sie im Computer nachlesen."

„Kannst *du* das für mich tun, Papa?", fragte Toby. Aber dann lächelte er. „O ja", sagte er. „Ich kann das selbst machen." Der Vater blieb neben seinem Sohn, während der die Informationen suchte, und dann besprachen sie gemeinsam, was sie lasen. Danach war Toby imstande, die Aufgabe selbst fertig zu stellen.

Manche Kinder verlassen sich beim Suchen verlegter Gegenstände stets auf ihre Eltern. Wenn Ihnen das vertraut vorkommt, dann sollten Sie die Selbstständigkeit Ihres Kindes fördern, indem Sie es beispielsweise fragen: „Wo hast du heute mit deiner Puppe gespielt?" Führt diese Frage das Kind nicht zu der abhanden gekommenen Puppe, dann sollten Sie hinzufügen: „Wo hast du sonst noch mit deiner Puppe gespielt?" Wenn auch das fehlschlägt, dann stellen Sie die Frage: „Was könntest du so lange tun, bis ich dir beim Suchen der Puppe helfen kann?"

Schon ein vierjähriges Kind antwortet darauf zum Beispiel: „Ich kann mit meinen Buntstiften malen." Das ist Ihr „Stichwort", auf das Sie sagen sollten: „Du bist ein guter Problemlöser." Selbst wenn es die Puppe noch nicht gefunden hat, lernt es doch, dass Sie nicht immer zu seiner Verfügung stehen. Und während das Kind auf Sie wartet, fällt ihm vielleicht selbst ein, wo die Puppe sich befindet.

Wollen wir unseren Kindern helfen, Unabhängigkeit zu lernen, dürfen wir sie nicht allzu abhängig von uns machen. Und der Grundstein für diese Unabhängigkeit kann bereits im Vorschulalter gelegt werden. Loben Sie neue Fertigkeiten Ihres Kindes, ermutigen Sie es, sich darin zu üben, und geben Sie ihm zu verstehen, dass es ruhig Fehler machen darf. Kinder, die schon früh die emotionale Kraft haben, die täglichen Hürden des Alltags zu meistern, werden auch vor zukünftigen Herausforderungen nicht so leicht zurückschrecken.

Soll ich meinem Kind Taschengeld geben?

Als ich Kind war, gaben meine Eltern mir ein festgesetztes wöchentliches Taschengeld, das, wie sie fanden, meinem Alter entsprach und nicht daran gebunden war, welche Hausarbeiten ich erledigte. Manche Eltern machen das Taschengeld für ihre Kinder davon abhängig, was diese im Haushalt tun. Und wieder andere geben ihren Kindern überhaupt kein Taschengeld. Stattdessen stellen sie ihren Kindern Geld für das zur Verfügung, was sie – innerhalb eines vernünftigen Rahmens – haben wollen, vorausgesetzt, sie geben es für das aus, was zuvor vereinbart war.

Jede Option hat ihr Für und Wider. Hier sind einige Punkte, die Sie bei Ihrer Entscheidung, wie Sie die Taschengeld-Frage handhaben, bedenken sollten.

Falls Sie sich entschließen, Ihrem Kind ein wöchentliches Taschengeld zu geben:

- können Kinder für das, was sie gerne haben wollen, sparen; sie können lernen, mit Geld umzugehen und vorauszuplanen,
- besteht eine gewisse Wahrscheinlichkeit, dass sie aufhören, um Geld zu betteln, weil sie dann wissen, wie viel sie bekommen und wann sie es bekommen werden.

Falls Ihr Kind jedoch etwas Kostspieligeres haben möchte, geben Sie ihm vermutlich am Ende das zusätzliche Geld, das es dafür benötigt. Und vielleicht befürchten Sie dann, Ihr Kind könne den Eindruck gewinnen, es bekäme Geld allzu mühelos, das heißt, ohne etwas dafür zu tun.

Wenn Sie Ihren Kindern Geld dafür geben, dass sie Arbeiten im Haushalt erledigen (zum Beispiel ihre Zimmer aufräumen, beim Geschirrspülen helfen, die Wäsche zusammenfalten), werden die Kinder:

- lernen, den Wert des Geldes zu schätzen,
- verstehen, dass man sich Geld verdienen muss,
- weniger geneigt sein, ihr Geld leichtfertig auszugeben,
- mehr Verantwortungsbewusstsein entwickeln.

Doch vielleicht geben Sie Ihren Kindern ungern Geld für die alltäglichen Verrichtungen, die sie, so Ihre Meinung, als Mitglieder der Familie ganz selbstverständlich leisten sollten. Außerdem besteht die Gefahr, dass Kinder, die für Hausarbeiten bezahlt werden, nur noch an sich selbst und nicht an die Bedürfnisse der Familie denken; sie erledigen die Aufgaben dann nur, um bezahlt zu werden: die falsche Motivation.

Wenn Geld von gutem Benehmen abhängig gemacht wird, kann es sein, dass:

- Kinder sich besser benehmen,
- dass sie Geld als etwas wahrnehmen, das sie sich verdienen müssen, genauso wie wenn sie für Hausarbeiten bezahlt werden.

Doch das gute Benehmen der Kinder gründet sich dann auf eine Belohnung von außen, nicht auf den eigenen aufrichtigen Wunsch, sich gut zu benehmen.

Lassen Sie uns hören,was die Kinder selbst zu all dem sagen:

Was das wöchentliche Taschengeld angehe, so die neunjährige Alicia, helfe ihr das Geldsparen beim Rechnen. „Ich addiere und subtrahiere, was ich gespart habe, und entscheide dann, wieviel ich ausgeben kann", erklärte sie. Auch die zwölfjährige Kelly erkannte die Vorteile des Sparens: „Wenn ich mein eigenes Geld spare, hilft mir das, mir besser darüber klar zu werden, wie sehr ich etwas tatsächlich haben möchte", berichtete sie. Danette wiederum fürchtete sich geradezu davor, ihr Geld auszugeben, denn „Wenn ich es jetzt ausgebe, werde ich bald irgendetwas Neueres und Teureres sehen, das ich noch lieber will." Der achtjährige Gary erklärte mir die Regeln, die in seiner Familie gelten, folgendermaßen: „Ich darf mein Taschengeld nicht für etwas ausgeben, das ‚schädlich für mich' ist." Das heißt, er durfte keine Musik-CDs kaufen, die Hass propagieren, und auch keine Gewaltvideospiele, selbst wenn er ausreichend Geld dafür gehabt hätte. „Das ist ganz in Ordnung", fand er. „Ich kann trotzdem eine Menge Dinge kaufen, die ich gerne haben möchte."

Edward, zehn Jahre alt, der wöchentlich für geleistete Hausarbeiten bezahlt wurde, sagte, es wäre ihm auch egal, wenn er noch zusätzliche Arbeiten im Haushalt verrichten müsste, um für etwas Besonderes sparen zu können. „Ich bin dankbar, dass ich überhaupt etwas bekomme."

Die Mutter der elfjährigen Marcy hatte sich für die dritte hier aufgeführte Option entschieden: Sie gab ihrer Tochter Geld für etwas zu essen in der Schule und fürs Kino mit Freunden, aber nur, wenn sie im Alltag das tat, was von ihr erwartet wurde, das heißt, wenn sie ihr Zimmer aufräumte, ihre Hausaufgaben machte und in der Schule gut mitarbeitete. Ihre Mutter hatte ihr erklärt, dass sie ihr das Geld bei einem kleinen „Verstoß" nicht vorenthalten werde. Aber sie fügte hinzu, wenn sie Marcy ständig daran erinnern müsse, das Geschirr zu spülen usw., dann würde sie ihr kein Geld mehr geben, falls sie darum bäte.

Ich fragte Marcy, wie sie damit zurechtkäme, und sie sagte: „Ich passe auf, dass ich die Dinge richtig mache. Ich möchte meine Mutter nicht um Geld bitten und mir dann anhören müssen: ‚Diesmal nicht. Du hast dir nicht verdient, in diesen Film zu gehen, weil du deine Hausarbeiten nicht gewissenhaft erledigt hast'."

Wenn Sie gelegentlich einmal Geld zurückhalten, wird das Ihrem Kind nicht schaden. Doch ich finde, dass finanzielle Belohnungen oder das Androhen von Strafe nicht die entscheidenden Faktoren für Kinder sein sollten, „die Dinge richtig zu machen".

Die zehnjährigen Mädchen Kendra und Felicia bekamen ihr wöchentliches Taschengeld auf andere Weise: Sie verdienten sich Punkte, indem sie im Haus etwas ganz Besonderes taten oder rechtzeitig zur Schule oder ins Bett gingen. Sie hielten das für eine gute Idee. „Man fühlt sich nicht schuldig, weil man sein Geld nicht umsonst bekommt", meinte Kendra und fügte hinzu: „Ich spare mein Geld. Meine Eltern wollen, dass ich mich verantwortungsbewusst verhalte."

Danette, die Angst hatte, das Geld, das sie sparte, auszugeben, war vermutlich am besten gedient, wenn sie Geld für die kleinen Dinge erhielt, die sie sich wünschte – zumindest eine Zeit lang. Auf diese Weise konnte sie lernen, mit dem Geld, das sie hatte, lockerer umzugehen und innerlich langsam so sicher zu werden, dass sie sich erlaubte, etwas von ihrem Ersparten auszugeben.

Es gibt nicht *den* richtigen oder falschen Weg, Geldfragen mit Kindern zu handhaben. Worauf es ankommt, ist nicht, auf welche Weise Sie Ihren Kindern Geld geben, sondern ob Ihre Kinder das Geld, das sie erhalten, wertschätzen und wie sie es ausgeben.

Dreizehntes Kapitel
Schule, Hausaufgaben und Lernen

Wer macht eigentlich die Hausaufgaben?

Ihre Tochter hat eine Mathematikaufgabe aufbekommen, die so schwer ist, dass sie nicht weiß, wie sie mit der Lösung beginnen soll. Sie bittet Sie um Hilfe – sie möchte, dass Sie die Aufgabe für sie erledigen.

Ihr Sohn hat die Fertigstellung seiner Inhaltsangabe immer wieder aufgeschoben, und jetzt steckt er in der Klemme. Er fragt Sie, ob Sie ihm mit einem kleinen Teil helfen können. Sollen Sie einwilligen, bloß damit die Hausaufgabe gemacht wird?

Ebenso wie viele andere Eltern werden Sie vermutlich versucht sein, zu helfen. Der Wissenschaftlerin Christine Nord zufolge sind die Kinder, deren Eltern sich für die schulischen Belange ihrer Kinder engagieren, besser in der Schule. Aber ehe Sie sich bereit erklären, bei einer Hausaufgabe zu helfen, sollten Sie innehalten und darüber nachdenken, welche Art Engagement zweckmäßig ist. Wenn Sie die Hausaufgaben für Ihr Kind erledigen – was wird es daraus lernen?

Machen Sie sich erst einmal bewusst, welches Ziel Sie verfolgen. Vermutlich geht es Ihnen weniger darum, dem Kind bei der Fertigstellung seiner Aufgabe zu helfen, sondern vielmehr darum, es anzuspornen, sich mit neuer Energie und Kraft seiner Sache zu widmen. Dafür gibt es viele kreative Möglichkeiten.

Wenn Ihr Kind behauptet, seine Rechenhausaufgabe sei langweilig, dann können Sie versuchen, etwas neuen Schwung hineinzubringen. Lassen Sie das Kind beim Zubereiten des Abendessens helfen und erörtern Sie dabei gemeinsam den Unterschied zwischen einem viertel Teelöffel und einem halben Teelöffel. Wenn Ihr Kind noch sehr klein ist, können Sie zwei Äpfel auf die linke Seite eines Tisches legen und zwei auf die rechte und das Kind dann auffordern, sie zu zählen. Lassen Sie Ihr Kind auch noch andere Gegenstände auswählen, die Sie dann auf den Tisch legen. Wenn es gerade in der Schule das Subtrahieren lernt, dann nehmen Sie doch einige der Gegenstände weg und lassen Sie das Kind die übrigen zählen. Sie können das Vokabular der Problemlösungsmethode für soziale Situationen verwenden, indem sie Fragen stellen wie: „Ist die Antwort für 1 plus 2 die *gleiche* wie für 1 und 1 oder lautet sie *anders*?" „Inwieweit sind ein Zug und ein Auto *gleich*? Inwieweit *unterscheiden* sie sich voneinander?" Sie können diese Kombinationen von Zahlen oder Klassifizierungen so komplex gestalten, wie Ihr Kind sie bewältigen kann. Im Folgenden noch ein paar weitere Ideen.

Sie können bestimmte Rechenarten, wie beispielsweise die Arithmetik, mit Gefühlsworten kombinieren:

> „Wärst du *glücklicher*, wenn du 1 (halten Sie einen Finger hoch) Stück Pizza oder 2 (halten Sie zwei Finger hoch) Stücke Pizza hättest?"
> „Wärest du glücklicher, wenn du 1 Kugel oder 2 Kugeln oder 3 Kugeln von deiner Lieblingseiscreme kaufen könntest?"
> „Was würde dich stolzer machen: gut Geige spielen ler-

nen in 3 Jahren und 51 Wochen oder in 3 Jahren und 14 Monaten oder in 3 Jahren und 371 Tagen oder in 4 Jahren und 1 Monat?"

Sie können sich auch Spiele für andere Schulfächer ausdenken. Wenn Ihr Kind beispielsweise Geografie lernt, können Sie es fragen: „Welches Wort gehört nicht in diese Liste – und warum nicht? München, Köln, Stuttgart, Baden-Württemberg." Um seine Geschichtskenntnisse zu fördern, können Sie sagen: „Zähle drei Bundeskanzler auf, die *nach* 1950 und *vor* dem laufenden Jahr im Amt waren." Wiederum sollten Sie diese Fragen so fesselnd wie möglich gestalten, damit das Interesse Ihres Kindes geweckt und erhalten wird.

Jedes Fach, für das das Kind lernt, kann mit Anwendung der Problemlösungsmethode in eine Übung verwandelt werden. Lassen Sie das Kind sich mögliche Folgen vorstellen – einer der Ecksteine der Problemlösungsmethode – und verwenden Sie dabei Musterbeispiele für bestimmte geschichts- oder gesellschaftsrelevante Ereignisse, indem Sie beispielsweise fragen: „*Was hätte passieren können, wenn …*

Martin Luther King jr. nicht ermordet worden wäre?"
Städte keine Regierung hätten?"

Sie können das Bürgerrechtsprogramm von Martin Luther King jr. durch die „Problemlösungsbrille" erörtern:

„Welches Ziel hatte er?"
„Welche Schritte unternahm er, um dieses Ziel zu erreichen?"
„Welche Hindernisse standen ihm beim Erreichen dieses Ziels im Weg?"

„Wie umging er diese Hindernisse? Welche neuen Schritte unternahm er?"
„Wie lange benötigte er, um diese Schritte umzusetzen?"
„Was kann ein Bürgerrechtler heutzutage tun, wenn er weiter daran arbeiten will, dieses Ziel zu erreichen?"

Das Memory-Spiel eignet sich bestens dazu, sich auf unterhaltsame Weise mit dem Rechnen und anderen Schulfächern zu beschäftigen. Als Sie selbst ein Kind waren, besaßen Sie wahrscheinlich Karten mit Tieren und Gegenständen, die Sie mit dem Gesicht nach unten hinlegten und von denen Sie dann immer zwei Karten gleichzeitig umdrehten, in der Hoffnung, dass sie zusammenpassten. Dieses Spiel können Sie zur Grundlage nehmen und so adaptieren, dass Sie Karteikarten herstellen, die jene Dinge zum Inhalt haben, die Ihr Kind gerade in der Schule lernt. Aber anstatt jeweils identische Zweitkarten anzufertigen, sollten Sie Kartenpaare herstellen, mit denen Ihr Kind sein Wissen testen kann. Wenn es beispielsweise gerade das Multiplizieren lernt, dann schreiben Sie auf die eine Karte die Zahl „12" und auf eine zweite „4 x 3". Wenn es beide Karten findet, so ist das ein Paar. Oder Sie stellen einen Kartenstapel zusammen, mit dem Sie prüfen können, ob das Kind die Hauptstädte der Bundesländer kennt. Zum Beispiel ist dann Wiesbaden das Gegenstück zu Hessen. Sie können dies mit jedem Schulfach praktizieren.

Einem neunjährigen Jungen machte es so viel Spaß, solche Spiele zu spielen, dass er seine Hausaufgaben dadurch mit neuem Elan in Angriff nahm. Weil er sich herausgefordert und stolz fühlte, wollte er seine Eltern nicht um Hilfe bitten; er hatte den Ehrgeiz, es alleine zu schaffen.

Wenn Sie selbst kreativ sind, ermutigen Sie Ihr Kind ganz von selbst ebenfalls dazu, kreativ zu sein. Indem Sie die

Hausaufgaben Ihres Kindes auf bestimmte Weise dirigieren, sie jedoch nicht selbst für das Kind erledigen – weil es wichtig ist, dass es dies selbst schafft –, zeigen Sie ihm, dass Sie sich um seine Sachen kümmern und es außerdem in die Lage versetzen, seine Angelegenheiten selbst in die Hand zu nehmen. Aber Sie zeigen ihm auch, dass Sie ihm zutrauen, einen Weg zu finden, um seine Aufgaben alleine zu meistern.

Hausaufgaben: Wann soll man sie machen?

Der tägliche Kampf um die Hausaufgaben spielt sich in vielen Familien ab. Zuerst erinnern Eltern ihre Kinder nur mahnend daran, dann drängen sie. Kinder maulen und zögern die Aufgaben hinaus. Oft ist es schon Zeit, ins Bett zu gehen, und die Hausaufgaben sind noch immer nicht fertig, ja sie sind nicht einmal angefangen worden. Wie gehen Sie mit diesem Problem um?

Im Folgenden lesen Sie, was geschah, als eine Mutter, Louise, mit Forderungen und Drohungen auf ihren siebenjährigen Sohn Darnell einzuwirken suchte:

Mutter: Darnell, du bist nun schon vor einer Stunde von der Schule nach Hause gekommen, und du hast noch nicht einmal angefangen, deine Hausaufgaben zu machen. Du darfst nicht fernsehen und dich auch nicht mit deinen Freunden treffen, bevor die Aufgaben erledigt sind.

Darnell: Aber Mama, ich mach sie schon noch!

Mutter: Das geht jeden Tag so. Ich will, dass sie jetzt sofort gemacht werden. Wenn du sie jetzt nicht in Angriff nimmst, werden sie überhaupt nicht mehr fertig. Dein

Lehrer wird ärgerlich sein, und wirst schulisch zurückfallen.

Das Problem war, dass Louise *zu* Darnell sprach, nicht *mit* ihm. Mit Hilfe der Problemlösungsmethode lernte sie, ihren Sohn in das Gespräch einzubeziehen:

Mutter: Darnell, für welche Fächer musst du heute Abend Hausaufgaben machen?
Darnell: Rechtschreibung, Rechnen und Naturkunde.
Mutter: Welche Aufgabe willst du zuerst machen?
Darnell: Mmm, ich glaube Rechtschreibung.
Mutter: Gut. willst du *vorher* oder *nachher* etwas essen?
Darnell: Danach.
Mutter: Gut. Und was willst du tun, *nachdem* du die Aufgabe für Rechtschreibung erledigt hast?
Darnell: Draußen spielen.
Mutter: Gut. Und willst du deine Rechenaufgaben *vor* oder *nach* dem Abendessen machen?
Darnell: Davor.
Mutter: Und Naturkunde?
Darnell: Danach.
Mutter: Darnell, ich bin sehr stolz auf dich. Du hast das alles hervorragend geplant.

Das ist schon einmal ein guter Anfang. Sobald Ihr Kind anfängt, sich seinen eigenen Zeitplan auszudenken – wie Darnell –, können Sie ihm einige zusätzliche Fragen stellen, beispielsweise:

„Wie viel Zeit, glaubst du, wirst du für deine Rechenaufgabe benötigen?“

„Was wirst du tun, wenn sich herausstellt, dass du länger dafür brauchst?“
„Was wirst du sagen oder tun, wenn dein Freund anruft, während du noch beim Rechnen bist?“

Und wenn Ihr Kind alt genug ist, um die Uhrzeiten zu kennen:

„Um wie viel Uhr willst du mit dem nächsten Fach anfangen?“

Schon mit sieben Jahren stellen Kinder gerne ihren eigenen Zeitplan auf. Auf diese Weise fühlen sie sich in den Planungsprozess einbezogen und verpflichtet, das Beabsichtigte auch einzuhalten.

Ältere Kinder müssen schon Zeitpläne für komplexere Aufgaben erstellen. Die elfjährige Amelia sollte innerhalb von zwei Wochen einen Aufsatz über ein geschichtliches Ereignis schreiben, und es war ihre Art, erst am Vorabend des Abgabetermins mit dem Lesen des entsprechenden Buches zu beginnen. Und je mehr ihre Mutter sie drängte, früher damit anzufangen, desto mehr sträubte sich Amelia. Daraufhin versuchte die Mutter einen anderen Weg, indem sie folgende Fragen stellte:

„Wann ist dein Aufsatz fällig?“
„Wie viele Tage hast du Zeit, um ihn zu schreiben?“
„Was musst du als Erstes dafür tun?“
„Wie lange, glaubst du, wird das dauern?“
„Was musst du dann tun?“
„Wie lange, glaubst du, wird das dauern?“

Teilt man komplexe Aufgaben in kleinere Schritte ein und lässt man dem Kind für jeden Schritt genug Zeit, so hilft man ihm, Stress abzubauen und das Gefühl der Überforderung zu lindern. Amelia wurde jetzt klar, dass sie für ihr Thema ein paar Recherchen anzustellen hatte und deswegen das Internet und die Leihbücherei nutzen musste; sie schätzte nun ab, wie lange das jeweils dauern würde und wie viel Zeit sie benötigen würde, um den Aufsatz dann zu schreiben. Mit Hilfe eines Kalenders zählte sie die Tage, die sie für jeden Schritt kalkuliert hatte, und rechnete sich Zeit für ihre übrigen Hausaufgaben und anderen Aktivitäten aus. Mit zunehmender Übung meisterte sie das immer besser, und nach kurzer Zeit erledigte sie ihre kurz- und langfristigen Projekte rechtzeitig, so dass sie in der Nacht, bevor sie fertig sein mussten, gut schlafen konnte. Mit ein wenig Mühe – und Ihrer Führung – kann auch Ihr Kind dazu angeleitet werden.

Wenn Ihr Kind seine Zeit selbst planen kann – sei es für kurz- oder langfristige Projekte –, wird es den Eindruck bekommen, mehr Kontrolle zu haben, und gleichzeitig etwas über Verantwortung, Organisation und Zeitmanagement lernen. Es wird sich dann nicht nur lieber mit allen schulischen Belangen beschäftigen als zuvor, sondern es kann sich auch sein ganzes restliches Leben lang auf diese Fähigkeiten stützen.

Fördern Sie die Lust am Lesen

Selbst wenn Kinder noch zu klein zum Lesen sind, können sie schon Bücher lieben. Wenn Ihr Kind noch nicht schulpflichtig ist und Sie ihm vorlesen, wird es den Tonfall Ihrer Stimme, Ihre Mimik und die Aufmerksamkeit, die Sie ihm dabei schenken, wunderbar finden. Und es hört und sieht die Worte und Bilder. Forschungen haben ergeben, dass die Kombination aus emotionaler Wärme und dem Kontakt mit Büchern sehr kleinen Kindern hilft, sich mit Ihnen, der/dem Vorlesenden, verbunden zu fühlen, zu lernen, Spaß am Lesen zu entwickeln und – später in der Schule – bessere Ergebnisse zu erzielen.

Im Folgenden wird gezeigt, wie Sie bei Ihrem Kind auf verschiedene Arten das Interesse an Büchern wecken können.

Lassen Sie Ihr Kind die Bücher aussuchen, die es „lesen" möchte. Schon allein, dass Sie zusammen in die Leihbücherei oder in einen Buchladen gehen und das Sortiment sichten, schafft eine starke Bindung zwischen Ihnen und Ihrem Kind.

Nachdem Sie das Buch (bzw. die Bücher) besorgt haben, sollten Sie Ihrem Kind die ganze Geschichte einmal ohne Unterbrechung vorlesen, damit es ihren Verlauf versteht. Dann lesen Sie das Buch noch einmal als Problemlöser, das heißt, fragen Sie Ihr Kind, wie die einzelnen Figuren sich fühlten, als ihnen dies oder jenes zustieß. Dann stellen Sie die Frage: „Hast du dich jemals so gefühlt?" Wenn es ein anschauliches Bild gibt, auf dem zu sehen ist, wie eine bestimmte Figur sich fühlt, dann lassen Sie Ihr Kind darauf deuten, und machen Sie selbst ebenfalls ein „trauriges" oder „wütendes" oder „frohes" Gesicht. Dann fragen Sie das Kind, was eine andere Figur in der Geschichte tun könnte, damit diese Figur sich besser fühlt.

Nehmen wir als Beispiel Judith Viorsts ausgezeichnetes Buch *Alexander und der abscheuliche, grässliche, mistige, eklige Tag,* in dem Alexanders Mutter ihren Sohn zum Zahnarzt bringt und der dann ein Loch findet. Sie können Ihr Kind fragen, wie Alexander sich deswegen fühlte, und ob es selbst sich *genauso* oder *anders* fühlt, wenn es zum

Zahnarzt muss, oder warum es sich dann so fühlt. Vielleicht erfahren Sie auch, was in Ihrem Kind vorgeht, indem Sie es fragen: „Welche Dinge müssten passieren, damit du findest, dass du einen abscheulichen, grässlichen, mistigen, ekligen Tag hast?"

Geschichten, in denen es um Konflikte zwischen Geschwistern oder Freunden oder zwischen einem Kind und seinen Eltern geht – wie in vielen Büchern für Vorschulkinder –, sollten Sie mehrmals vorlesen und dann an verschiedenen Stellen innehalten, damit Ihr Kind darüber nachdenken kann, wie die Figuren sich fühlen, wie das Problem zu lösen wäre und welche Ereignisse in seinem eigenen Leben Ähnlichkeit mit der Geschichte haben. Stellen Sie ihm zum Beispiel folgende Fragen:

„Wie haben die Kinder in der Geschichte ihr Problem gelöst?"
„Findest du, dass das eine gute Art und Weise war, es zu lösen? Warum (bzw. warum nicht)?"
„Kannst du dir noch andere Arten vorstellen, wie die Kinder ihr Problem gelöst haben könnten?"
„Was könnte geschehen, wenn sie das Problem mit Hilfe deiner Idee lösten?"

Die Bücher von Jan und Stan Berenstain bilden hervorragende Grundlagen für Diskussionen über die Gefühle von Menschen und darüber, wie man Probleme löst. In ihrem Buch *Die Lausebären und der Streit* sitzen Bruder und Schwester Bär auf ihrer Veranda und kehren sich gegenseitig den Rücken zu, weil sie einen Streit hatten. Nachdem Sie Ihrem Kind die oben angeführten Fragen gestellt haben, könnten Sie sich erkundigen, ob ihm so etwas schon einmal passiert ist, und wie es sich dann fühlte; wie sich, seiner

Meinung nach, das andere Kind gefühlt hat und wie es selbst das Problem am Ende löste (bzw. hätte lösen können).

Diese Fragen können Sie auch einem Kind stellen, das noch nicht lesen kann; das Denkvermögen eines älteren Kindes können Sie mit Geschichten, die ihm gefallen, erweitern, indem Sie ihm beispielsweise folgende Fragen stellen:

„Warum, glaubst du, benimmt sich das Mädchen in dem Buch so?"
„Welche anderen Gründe könnte es für ihr Verhalten geben?"
„Gibt es jemanden in deiner Schule, der sich so benimmt?"
„Warum, glaubst du, tut der-/diejenige das?"
„Was sonst noch könnte der Grund sein, warum er/sie es tut?"
„Fällt dir etwas ein, was du tun oder sagen könntest, damit er/sie es nicht mehr tut?"

Wenn etwas in der Geschichte passiert, das auch Ihnen passiert ist, als Sie jung waren, dann teilen Sie Ihrem Kind Ihre Erinnerungen, Gedanken und Gefühle mit. Während beispielsweise die elfjährige Maura die Bücher über Harry Potter las, führten sie und ihre Mutter ein langes Gespräch darüber, was es bedeutet, ein Waisenkind zu sein; sie redeten auch über ihre eigene Familie und stellten fest, wie glücklich sie waren, dass sie einander hatten.

Wenn Ihre Kinder heranwachsen und lernen, selbst zu lesen, sollten Sie die gemeinsame Lesezeit dennoch nicht aufgeben, sondern, ganz im Gegenteil, noch weiter ausbauen. Denn jetzt können Sie sich zum Beispiel gegenseitig vorlesen. (Viele ältere Kinder lassen sich nämlich immer noch sehr gerne vorlesen.)

Nehmen Sie sich die Zeit, mit Ihrem Kind zu lesen, so zeigen Sie ihm damit, dass Sie das Lesen als Beschäftigung wertschätzen. Nutzen Sie Bücher als Aufhänger für Diskussionen – das hilft Ihnen, wichtige und intime Dinge voneinander zu erfahren, die Sie anderenfalls nicht erfahren hätten.

Sie können die Lust Ihres Kindes am Lesen auch fördern, indem Sie es ermutigen, Bücher als Ausgangsbasis zu nutzen, um selbst Geschichten zu erfinden. Beginnen Sie damit, dass Sie das Kind dazu anleiten, einen anderen Schluss für die Geschichte, die es soeben gelesen hat, zu erfinden; dies ermöglicht ihm, die Geschichte aus der Perspektive einer anderen Figur zu betrachten. Während Ihr Kind das tut, kann es darüber nachdenken, wie es sich fühlen würde, wenn es genau in derselben Lage wäre, die in dem Buch beschrieben wird. Liebt das Kind Geschichten, die andere Menschen geschrieben haben, so kann es dadurch angeregt werden, seine eigenen zu erfinden – was ihm die Gelegenheit gibt, seine Gedanken und Gefühle über Dinge auszudrücken, die ihm wichtig sind. Wenn es will, kann es seine Geschichte auch der ganzen Familie vorlesen – wodurch Sie erfahren, was in ihm vorgeht. Eigene Geschichten zu erfinden gibt darüber hinaus Ihrem Kind die Gelegenheit, über seine Ansichten nachzudenken, sie zu ordnen und vor dem wichtigsten Publikum in Worte zu fassen, das es überhaupt gibt: es selbst.

Mit Sport das Rechnen lernen

Teilen Sie mit Ihren Kindern das Interesse an Fußball oder Tennis? Oder mögen sie lieber Basketball oder Hockey? Mit Sport kann man Kinder auf wunderbare Weise dazu bringen, sich fürs Rechnen zu begeistern, denn hier geht es um Punkte, Strecken oder Tore.

Zu dieser Erkenntnis kam ich, als ich eine fünfte Klasse besuchte, in der viele Kinder schlecht im Rechnen waren. Das war im Jahr 1983, dem Jahr, in dem das örtliche Basketball-Team die Meisterschaft gewann. Die Kinder waren die ganze Nacht auf gewesen, um zu feiern. Sie führten mir mehr Daten und Zahlen über jeden einzelnen Spieler auf – einschließlich der Ersatzspieler –, als ich je gewusst hätte; und zwar teilten sie mir nicht nur mit, wie viele Punkte sie im Endspiel erreicht hatten, sondern auch, wie viele jeder Spieler durchschnittlich in einer Saison erzielte. Erstaunt über ihre Kenntnisse dachte ich bei mir: „Wer wollte behaupten, dass diese Kinder nicht lernen können?"

Nachdem sie sich etwas beruhigt hatten, stellte ich ihnen Fragen übers Rechnen, wobei ich Gefühlswörter verwendete – ein wichtiger Bestandteil der Problemlösungsmethode –, und ich baute in diese Fragen die Basketball-Mannschaft ein. Etwa so: „Wärt ihr *glücklicher*, wenn eure Mannschaft mit 8 mal 5 minus 20 Punkten gewinnen würden oder mit 8 mal 4 plus 16 minus 6 Punkten?" Außerdem fügte ich unterhaltsame Lerntechniken ein, anhand derer sie mit Zahlen spielen konnten, und zwar mit der „Mehr als eine Möglichkeit"-Übung, die ebenfalls zur Problemlösungsmethode gehört. Beim Beispiel einer Balltrefferzahl von zwei oder drei Punkten und einem Freiwurf nach einem Foul, das einen Punkt einbrachte, fragte ich, auf wie viele Arten die Mannschaft ein Totalergebnis von sechs Punkten erreichen konnte. Solche Fragen schrieb ich an die Tafel, teilte die Klasse in kleine Gruppen auf und bat die Schüler, die Probleme gemeinsam zu lösen. Nicht alle ihre Antworten stellten sich dann als richtig heraus, aber ihre Aufregung und ihr Elan ließen niemals nach. Der

Lehrer konnte es kaum glauben. Von diesem Tag an – und nachdem der Lehrer viele Elemente aus der sportlichen Welt in seinen Unterricht integriert hatte – erzielten die meisten Schüler bessere Ergebnisse im Rechnen.

Väter: ein wichtiger Faktor für schulischen Erfolg

Wenn es um Erfolg in der Schule geht, dann scheinen Väter eine wichtige Rolle zu spielen. Eine von Christine Nord zitierte Untersuchung mit mehr als zwanzigtausend Kindern hat ergeben, dass – unabhängig von Einkommen, elterlicher Bildung und ethnischer Zugehörigkeit – Kinder, deren Väter sich aktiv für ihre Schulbildung engagieren, bessere Noten haben, mehr an Freizeitaktivitäten teilnehmen, lieber in die Schule gehen und seltener sitzen bleiben. Das trifft auf Jungen wie auf Mädchen gleichermaßen zu.

Forscher können nicht mit Bestimmtheit sagen, warum das Engagement der Väter ein so wichtiger Faktor für schulischen Erfolg ist. Vielleicht rührt es daher, dass Kinder gute Ergebnisse erzielen wollen, um ihren Vätern zu gefallen und damit wiederum auch sich selbst. Es kann auch sein, dass die gemeinsam verbrachte Zeit eine zusätzliche Bindung zwischen Vater und Kind erzeugt. Natürlich ist auch das Engagement der Mutter für schulische Belange wichtig. Das Beste ist zweifellos, wenn *beide* Eltern sich engagieren.

Forscher haben gezeigt, dass Väter, die von Anfang an auch an anderen Lebensbereichen ihrer Kinder interessiert sind, sich auch mehr für deren Schule und die Schularbeiten einsetzen. Im Folgenden wird aufgeführt, wie Väter dafür sorgen können, dass sie in der Schule ihrer Kinder wahrgenommen und geschätzt werden:

- Machen Sie doch einmal Halt in der Schule, wenn auch nur gelegentlich, und bieten Sie Ihre freiwillige Mitarbeit an, um da auszuhelfen, wo es erforderlich ist. Selbst wenn Sie bloß einmal eine halbe Stunde im Klassenzimmer Ihres Kindes oder auf dem Schulhof während einer Pause verbringen, kann das eine große Wirkung auf die Schulleistungen Ihres Kindes haben.
- Steuern Sie etwas für das Klassenzimmer bei: Fertigen Sie zum Beispiel ein schwarzes Brett an.
- Bieten Sie sich als Tutor für ein Kind an, das Hilfe benötigt.
- Bieten Sie an, die Klasse Ihres Kindes auf einer Exkursion zu begleiten.
- Sprechen Sie mit dem Lehrer Ihres Kindes darüber, was Sie tun können, um Ihr Kind bei seiner schulischen, sozialen und emotionalen Entwicklung zu unterstützen.

Sie werden merken, es lohnt sich, in der Schule Ihres Kindes ab und zu Präsenz zu zeigen. Zuerst einmal werden Sie dadurch mehr darüber in Erfahrung bringen, was Ihr Kind dort lernt. Außerdem werden Sie die Freunde Ihres Kindes kennen lernen. Und schließlich werden Sie, nachdem Sie mitbekommen haben, wie Ihr Kind in seiner schulischen Umgebung mit dem Lehrer und mit seinen Kameraden umgeht, ihm besser helfen können, sich realistische Ziele zu stecken und diese auch zu erreichen.

Wie können Väter sich an den Hausaufgaben ihres Kindes beteiligen? Viele Väter, mit denen ich gesprochen habe, prüfen die Hausaufgaben ihrer Kinder nach, um sich zu vergewissern, dass sie gemacht worden sind, und weisen die Kinder auf Fehler hin, damit diese korrigiert werden können. Auch wenn den Kindern allein damit schon signalisiert wird, dass man sich für ihre Schulbelange interessiert – was an sich bereits ein wichtiger Faktor für Erfolg ist –, tun manche Väter noch ein bisschen mehr. Einige erzählten mir, dass sie ihre Kinder bei Rechen- oder Naturkundeaufgaben Schritt für Schritt begleiten. Ein Vater sagte: „Mein Sohn muss langsamer arbeiten. Er will die Antwort immer sofort wissen, und wenn er sie nicht gleich findet, will er, dass ich sie ihm sage. Dann bitte ich ihn, das jeweilige Problem mit mir durchzugehen – dadurch denkt er über das, was er tut, nach. Bei den Gleichungen beispielsweise begleite ich ihn durch den ersten und manchmal auch durch den zweiten Schritt, damit er weiß, wo er anfangen soll. Das ändert seinen Rhythmus." Dieser Vater hilft seinem Kind auch zu überlegen, wie es seine Aufgaben in Naturkunde planen und fertig stellen will. Er bespricht mit ihm, welche Materialien es dafür benötigt, hilft ihm, sich klar zu machen, wann und wo es sie erhält, was danach zu tun ist und so weiter. Seine Begründung: „Wenn ich meinem Sohn die Antworten sagen würde, würde er nicht nur nicht lernen, selbst darauf zu kommen, sondern er würde dann auch nicht das Vergnügen und den Stolz empfinden, der ihn erfüllt, wenn er die Antworten entdeckt."

Ein anderer Vater hilft seiner zehnjährigen Tochter Gwendolyn bei ihren Mathematikhausaufgaben, indem er die Formeln mit ihr durchspricht und ihr dann hilft, sie auf das jeweilige Problem anzuwenden. Bei einer dieser gemeinsamen Stunden begann Gwendolyn ganz spontan „Lehrerin" zu spielen und diese Regeln und Schritte einer imaginären Gruppe von Freunden zu erklären. Stolz sagte sie: „Da ich die Klügste bin, bringe ich ihnen das bei, was mein Vater mir beibringt. Ich gebe den fiktiven Schülern Namen. Wenn ich etwas nicht erklären kann, dann bitte ich meinen Vater, es mir noch einmal zu sagen. Dann erkläre ich es ‚Dumbo', bis er es kann. Dadurch fühle ich mich clever." Ich fragte Gwendolyn, auf welche Weise ihr das hilft. „Wenn ich es ‚Dumbo' beibringe, dann muss ich langsamer vorgehen und geduldig sein", erwiderte sie lächelnd. „Und ich kann nach meinem eigenen Rhythmus lernen. Kein Druck, kein Stress." Dann fragte ich sie, ob es ihr bei ihren richtigen Hausarbeiten helfe, und sie antwortete: „Das Rechnen macht mir so mehr Spaß. Und ich habe dadurch außerdem eine neue Freundin gefunden, die Schwierigkeiten mit ihren Hausaufgaben hatte. Nachdem ich mit meinen selbst erfundenen Freunden ‚geprobt' hatte, konnte ich es meiner echten Freundin beibringen."

> „Wenn ich meinem Sohn die Antworten geben würde, würde er nicht nur nicht lernen, selbst darauf zu kommen, sondern er würde auch nicht das Vergnügen und den Stolz empfinden, der ihn erfüllt, wenn er die Antworten entdeckt."

Beatrice Wright, die heute erwachsen ist, sprach darüber, welchen Einfluss ihr Vater auf sie hatte, als sie heranwuchs: „Meine Mutter war ständig da, aber wenn mein Vater sich dazugesellte, war das jedes Mal etwas Besonderes. Oft wirkte er so müde und erschöpft, wenn er von der Arbeit nach Hause kam. Aber er machte es immer zu einer unterhaltsamen Stunde, wenn wir uns zusammen hinsetzten, um meine Hausaufgaben durchzugehen. Er stellte mir dann Fragen über das, was wir gerade lernten, und ich musste die jeweilige Antwort in meinem Lexikon oder Wörterbuch nachsehen – damals gab es noch keine Computer. Und nachdem wir zehn oder fünfzehn Minuten gemeinsam über meinen Hausaufgaben gesessen hatten, schien er munter zu werden – er hatte wieder neue Energien."

Alle Väter, die ich getroffen habe, hatten diese Art Energie, das sah man.

Väter können sich auf vielerlei Arten an der Schulbildung ihrer Kinder beteiligen. Ich habe hier einige aufgeführt, aber es gibt noch viel mehr. Im Grunde ist es egal, was Sie tun. Vielmehr kommt es darauf an, *wie* Sie es tun. Je mehr sich Väter engagieren, desto engagierter werden auch ihre Kinder sein. Alle profitieren davon.

Nachwort

Ich hoffe, ich habe Ihnen gezeigt, wie Sie Ihren Kindern helfen können, mit Gefühlen zurechtzukommen, kompetenter zu werden, gute Beziehungen zu Hause und in der Schule aufzubauen und lebenswichtige Fähigkeiten zu erwerben, die für ihren zukünftigen Erfolg ausschlaggebend sind. Wenn Sie tagtäglich *Ihre* jeweiligen Verhaltensmöglichkeiten abwägen und dann entscheiden, wie Sie mit den auftretenden Situationen umgehen, können auch Ihre Kinder lernen, *ihre* Verhaltensmöglichkeiten abzuwägen. In unserer heutigen komplizierten Welt müssen wir mehr als je zuvor unseren Kindern die Fertigkeiten vermitteln, die sie brauchen, um die richtigen Entscheidungen in ihrem Leben zu treffen – und ihnen auch die Freiheit geben, diese Fähigkeiten zu nutzen.

Ich freue mich zu hören, wie es Ihnen in Ihrer Familie geht. Sie erreichen mich unter folgender Adresse:

Department of Psychology
Drexel University
245 N. 15th Street MS 626
Philadelphia, PA 19102
E-Mail: mshure@drexel.edu
www.thinkingchild.com

Literatur

Berenstain, S. und J. Berenstain, *Die Lausebären und der Streit*, Erlangen 1991.

Ginsburg, H. und S. Opper, *Piagets Theorie der geistigen Entwicklung*, Stuttgart 1998.

McFarlane, E. und J. Saywell, *Das Buch vom Wenn: überraschende Aussichten*, Freiburg 2001.

Pollack, W., *Jungen: was sie vermissen – was sie brauchen, ein neues Bild von unseren Söhnen*, Bern, München, Wien 1998.

Shure, M. B. und B. Aberson, „Enhancing the Process of Resilience Through Effective Thinking", in: *Handbook of Resilience in Children*, S. Goldstein und R. Brooks (Hrsg.), New York 2004.

Shure, M. B.: *Interpersonal Problem Solving and Prevention: A Five-Year Longitudinal Study, Kindergarten Through Grade 4,* in: MH-40871, Washington DC, National Institute of Mental Health 1993.

Shure, M.B. und G. Spivack, „Interpersonal Problem-Solving in Young Children: A Cognitive Approach to Prevention", in: *American Journal of Community Psychology 10* (1982), S. 341–356.

Spivack, G., J. J. Platt and M. B. Shure, *The Problem Solving Approach to Adjustment*, San Francisco 1976.

Viorst, J., *Alexander und der abscheuliche, grässliche, mistige, eklige Tag,* Ravensburg 1983.